2023 - 2024

2-Year Weekly & Monthly Planner/ Appointment Book

I. S. Anderson

2023 - 2024

2-Year Weekly & Monthly Planner/

Appointment Book

Copyright © 2022 by I. S. Anderson

ISBN-10: 1-947399373

ISBN-13: 978-1947399372

All rights reserved, including the right to reproduce this journal in whole or any portions thereof, in any form whatsoever.

For more information regarding this publication, contact: **nahjpress@outlookcom**

First Printing, 2022

2023 - 2024

2-Year Weekly & Monthly Planner/
Appointment Book

Belongs To:

_____

2023

JANUARY
S	M	T	W	T	F	S
1	2	3	4	5	6	7
8	9	10	11	12	13	14
15	16	17	18	19	20	21
22	23	24	25	26	27	28
29	30	31				

FEBRUARY
S	M	T	W	T	F	S
			1	2	3	4
5	6	7	8	9	10	11
12	13	14	15	16	17	18
19	20	21	22	23	24	25
26	27	28				

MARCH
S	M	T	W	T	F	S
			1	2	3	4
5	6	7	8	9	10	11
12	13	14	15	16	17	18
19	20	21	22	23	24	25
26	27	28	29	30	31	

APRIL
S	M	T	W	T	F	S
						1
2	3	4	5	6	7	8
9	10	11	12	13	14	15
16	17	18	19	20	21	22
23	24	25	26	27	28	29
30						

MAY
S	M	T	W	T	F	S
	1	2	3	4	5	6
7	8	9	10	11	12	13
14	15	16	17	18	19	20
21	22	23	24	25	26	27
28	29	30	31			

JUNE
S	M	T	W	T	F	S
				1	2	3
4	5	6	7	8	9	10
11	12	13	14	15	16	17
18	19	20	21	22	23	24
25	26	27	28	29	30	

JULY
S	M	T	W	T	F	S
						1
2	3	4	5	6	7	8
9	10	11	12	13	14	15
16	17	18	19	20	21	22
23	24	25	26	27	28	29
30	31					

AUGUST
S	M	T	W	T	F	S
		1	2	3	4	5
6	7	8	9	10	11	12
13	14	15	16	17	18	19
20	21	22	23	24	25	26
27	28	29	30	31		

SEPTEMBER
S	M	T	W	T	F	S
					1	2
3	4	5	6	7	8	9
10	11	12	13	14	15	16
17	18	19	20	21	22	23
24	25	26	27	28	29	30

OCTOBER
S	M	T	W	T	F	S
1	2	3	4	5	6	7
8	9	10	11	12	13	14
15	16	17	18	19	20	21
22	23	24	25	26	27	28
29	30	31				

NOVEMBER
S	M	T	W	T	F	S
			1	2	3	4
5	6	7	8	9	10	11
12	13	14	15	16	17	18
19	20	21	22	23	24	25
26	27	28	29	30		

DECEMBER
S	M	T	W	T	F	S
					1	2
3	4	5	6	7	8	9
10	11	12	13	14	15	16
17	18	19	20	21	22	23
24	25	26	27	28	29	30
31						

2024

JANUARY

S	M	T	W	T	F	S
	1	2	3	4	5	6
7	8	9	10	11	12	13
14	15	16	17	18	19	20
21	22	23	24	25	26	27
28	29	30	31			

FEBRUARY

S	M	T	W	T	F	S
				1	2	3
4	5	6	7	8	9	10
11	12	13	14	15	16	17
18	19	20	21	22	23	24
25	26	27	28	29		

MARCH

S	M	T	W	T	F	S
					1	2
3	4	5	6	7	8	9
10	11	12	13	14	15	16
17	18	19	20	21	22	23
24	25	26	27	28	29	30
31						

APRIL

S	M	T	W	T	F	S
	1	2	3	4	5	6
7	8	9	10	11	12	13
14	15	16	17	18	19	20
21	22	23	24	25	26	27
28	29	30				

MAY

S	M	T	W	T	F	S
			1	2	3	4
5	6	7	8	9	10	11
12	13	14	15	16	17	18
19	20	21	22	23	24	25
26	27	28	29	30	31	

JUNE

S	M	T	W	T	F	S
						1
2	3	4	5	6	7	8
9	10	11	12	13	14	15
16	17	18	19	20	21	22
23	24	25	26	27	28	29
30						

JULY

S	M	T	W	T	F	S
	1	2	3	4	5	6
7	8	9	10	11	12	13
14	15	16	17	18	19	20
21	22	23	24	25	26	27
28	29	30	31			

AUGUST

S	M	T	W	T	F	S
				1	2	3
4	5	6	7	8	9	10
11	12	13	14	15	16	17
18	19	20	21	22	23	24
25	26	27	28	29	30	31

SEPTEMBER

S	M	T	W	T	F	S
1	2	3	4	5	6	7
8	9	10	11	12	13	14
15	16	17	18	19	20	21
22	23	24	25	26	27	28
29	30					

OCTOBER

S	M	T	W	T	F	S
		1	2	3	4	5
6	7	8	9	10	11	12
13	14	15	16	17	18	19
20	21	22	23	24	25	26
27	28	29	30	31		

NOVEMBER

S	M	T	W	T	F	S
					1	2
3	4	5	6	7	8	9
10	11	12	13	14	15	16
17	18	19	20	21	22	23
24	25	26	27	28	29	30

DECEMBER

S	M	T	W	T	F	S
1	2	3	4	5	6	7
8	9	10	11	12	13	14
15	16	17	18	19	20	21
22	23	24	25	26	27	28
29	30	31				

2025

JANUARY
S	M	T	W	T	F	S
			1	2	3	4
5	6	7	8	9	10	11
12	13	14	15	16	17	18
19	20	21	22	23	24	25
26	27	28	29	30	31	

FEBRUARY
S	M	T	W	T	F	S
						1
2	3	4	5	6	7	8
9	10	11	12	13	14	15
16	17	18	19	20	21	22
23	24	25	26	27	28	

MARCH
S	M	T	W	T	F	S
						1
2	3	4	5	6	7	8
9	10	11	12	13	14	15
16	17	18	19	20	21	22
23	24	25	26	27	28	29
30	31					

APRIL
S	M	T	W	T	F	S
		1	2	3	4	5
6	7	8	9	10	11	12
13	14	15	16	17	18	19
20	21	22	23	24	25	26
27	28	29	30			

MAY
S	M	T	W	T	F	S
				1	2	3
4	5	6	7	8	9	10
11	12	13	14	15	16	17
18	19	20	21	22	23	24
25	26	27	28	29	30	31

JUNE
S	M	T	W	T	F	S
1	2	3	4	5	6	7
8	9	10	11	12	13	14
15	16	17	18	19	20	21
22	23	24	25	26	27	28
29	30					

JULY
S	M	T	W	T	F	S
		1	2	3	4	5
6	7	8	9	10	11	12
13	14	15	16	17	18	19
20	21	22	23	24	25	26
27	28	29	30	31		

AUGUST
S	M	T	W	T	F	S
					1	2
3	4	5	6	7	8	9
10	11	12	13	14	15	16
17	18	19	20	21	22	23
24	25	26	27	28	29	30
31						

SEPTEMBER
S	M	T	W	T	F	S
	1	2	3	4	5	6
7	8	9	10	11	12	13
14	15	16	17	18	19	20
21	22	23	24	25	26	27
28	29	30				

OCTOBER
S	M	T	W	T	F	S
			1	2	3	4
5	6	7	8	9	10	11
12	13	14	15	16	17	18
19	20	21	22	23	24	25
26	27	28	29	30	31	

NOVEMBER
S	M	T	W	T	F	S
						1
2	3	4	5	6	7	8
9	10	11	12	13	14	15
16	17	18	19	20	21	22
23	24	25	26	27	28	29
30						

DECEMBER
S	M	T	W	T	F	S
	1	2	3	4	5	6
7	8	9	10	11	12	13
14	15	16	17	18	19	20
21	22	23	24	25	26	27
28	29	30	31			

2026

JANUARY
S	M	T	W	T	F	S
				1	2	3
4	5	6	7	8	9	10
11	12	13	14	15	16	17
18	19	20	21	22	23	24
25	26	27	28	29	30	31

FEBRUARY
S	M	T	W	T	F	S
1	2	3	4	5	6	7
8	9	10	11	12	13	14
15	16	17	18	19	20	21
22	23	24	25	26	27	28

MARCH
S	M	T	W	T	F	S
1	2	3	4	5	6	7
8	9	10	11	12	13	14
15	16	17	18	19	20	21
22	23	24	25	26	27	28
29	30	31				

APRIL
S	M	T	W	T	F	S
			1	2	3	4
5	6	7	8	9	10	11
12	13	14	15	16	17	18
19	20	21	22	23	24	25
26	27	28	29	30		

MAY
S	M	T	W	T	F	S
					1	2
3	4	5	6	7	8	9
10	11	12	13	14	15	16
17	18	19	20	21	22	23
24	25	26	27	28	29	30
31						

JUNE
S	M	T	W	T	F	S
	1	2	3	4	5	6
7	8	9	10	11	12	13
14	15	16	17	18	19	20
21	22	23	24	25	26	27
28	29	30				

JULY
S	M	T	W	T	F	S
			1	2	3	4
5	6	7	8	9	10	11
12	13	14	15	16	17	18
19	20	21	22	23	24	25
26	27	28	29	30	31	

AUGUST
S	M	T	W	T	F	S
						1
2	3	4	5	6	7	8
9	10	11	12	13	14	15
16	17	18	19	20	21	22
23	24	25	26	27	28	29
30	31					

SEPTEMBER
S	M	T	W	T	F	S
		1	2	3	4	5
6	7	8	9	10	11	12
13	14	15	16	17	18	19
20	21	22	23	24	25	26
27	28	29	30			

OCTOBER
S	M	T	W	T	F	S
				1	2	3
4	5	6	7	8	9	10
11	12	13	14	15	16	17
18	19	20	21	22	23	24
25	26	27	28	29	30	31

NOVEMBER
S	M	T	W	T	F	S
1	2	3	4	5	6	7
8	9	10	11	12	13	14
15	16	17	18	19	20	21
22	23	24	25	26	27	28
29	30					

DECEMBER
S	M	T	W	T	F	S
		1	2	3	4	5
6	7	8	9	10	11	12
13	14	15	16	17	18	19
20	21	22	23	24	25	26
27	28	29	30	31		

2023

January	February	March	April	May	June
1 S	1 W	1 W	1 S	1 M	1 T
2 M	2 T	2 T	2 S	2 T	2 F
3 T	3 F	3 F	3 M	3 W	3 S
4 W	4 S	4 S	4 T	4 T	4 S
5 T	5 S	5 S	5 W	5 F	5 M
6 F	6 M	6 M	6 T	6 S	6 T
7 S	7 T	7 T	7 F	7 S	7 W
8 S	8 W	8 W	8 S	8 M	8 T
9 M	9 T	9 T	9 S	9 T	9 F
10 T	10 F	10 F	10 M	10 W	10 S
11 W	11 S	11 S	11 T	11 T	11 S
12 T	12 S	12 S	12 W	12 F	12 M
13 F	13 M	13 M	13 T	13 S	13 T
14 S	14 T	14 T	14 F	14 S	14 W
15 S	15 W	15 W	15 S	15 M	15 T
16 M	16 T	16 T	16 S	16 T	16 F
17 T	17 F	17 F	17 M	17 W	17 S
18 W	18 S	18 S	18 T	18 T	18 S
19 T	19 S	19 S	19 W	19 F	19 M
20 F	20 M	20 M	20 T	20 S	20 T
21 S	21 T	21 T	21 F	21 S	21 W
22 S	22 W	22 W	22 S	22 M	22 T
23 M	23 T	23 T	23 S	23 T	23 F
24 T	24 F	24 F	24 M	24 W	24 S
25 W	25 S	25 S	25 T	25 T	25 S
26 T	26 S	26 S	26 W	26 F	26 M
27 F	27 M	27 M	27 T	27 S	27 T
28 S	28 T	28 T	28 F	28 S	28 W
29 S		29 W	29 S	29 M	29 T
30 M		30 T	30 S	30 T	30 F
31 T		31 F		31 W	

2023

July	August	September	October	November	December
1 S	1 T	1 F	1 S	1 W	1 F
2 S	2 W	2 S	2 M	2 T	2 S
3 M	3 T	3 S	3 T	3 F	3 S
4 T	4 F	4 M	4 W	4 S	4 M
5 W	5 S	5 T	5 T	5 S	5 T
6 T	6 S	6 W	6 F	6 M	6 W
7 F	7 M	7 T	7 S	7 T	7 T
8 S	8 T	8 F	8 S	8 W	8 F
9 S	9 W	9 S	9 M	9 T	9 S
10 M	10 T	10 S	10 T	10 F	10 S
11 T	11 F	11 M	11 W	11 S	11 M
12 W	12 S	12 T	12 T	12 S	12 T
13 T	13 S	13 W	13 F	13 M	13 W
14 F	14 M	14 T	14 S	14 T	14 T
15 S	15 T	15 F	15 S	15 W	15 F
16 S	16 W	16 S	16 M	16 T	16 S
17 M	17 T	17 S	17 T	17 F	17 S
18 T	18 F	18 M	18 W	18 S	18 M
19 W	19 S	19 T	19 T	19 S	19 T
20 T	20 S	20 W	20 F	20 M	20 W
21 F	21 M	21 T	21 S	21 T	21 T
22 S	22 T	22 F	22 S	22 W	22 F
23 S	23 W	23 S	23 M	23 T	23 S
24 M	24 T	24 S	24 T	24 F	24 S
25 T	25 F	25 M	25 W	25 S	25 M
26 W	26 S	26 T	26 T	26 S	26 T
27 T	27 S	27 W	27 F	27 M	27 W
28 F	28 M	28 T	28 S	28 T	28 T
29 S	29 T	29 F	29 S	29 W	29 F
30 S	30 W	30 S	30 M	30 T	30 S
31 M	31 T		31 T		31 S

JANUARY 2023

SUNDAY	MONDAY	TUESDAY	WEDNESDAY
1 *New Year's Day*	2	3	4
8	9	10	11
15	16 *Martin Luther King Jr. Day*	17	18
22	23	24	25
29	30	31	

DECEMBER 2022
S M T W T F S
          1 2 3
4 5 6 7 8 9 10
11 12 13 14 15 16 17
18 19 20 21 22 23 24
25 26 27 28 29 30 31

JANUARY
S M T W T F S
1 2 3 4 5 6 7
8 9 10 11 12 13 14
15 16 17 18 19 20 21
22 23 24 25 26 27 28
29 30 31

FEBRUARY
S M T W T F S
      1 2 3 4
5 6 7 8 9 10 11
12 13 14 15 16 17 18
19 20 21 22 23 24 25
26 27 28

THURSDAY	FRIDAY	SATURDAY	NOTES
5	6	7	
12	13	14	
19	20	21	
26	27	28	

JAN 2023

S	M	T	W	T	F	S
1	2	3	4	5	6	7
8	9	10	11	12	13	14
15	16	17	18	19	20	21
22	23	24	25	26	27	28
29	30	31				

	MON 2	TUE 3	WED 4
12			
1			
2			
3			
4			
5			
6			
7			
8			
9			
10			
11			
12			
1			
2			
3			
4			
5			
6			
7			
8			
9			
10			
11			

	THU 5	FRI 6	SAT 7	SUN 8
12				
1				
2				
3				
4				
5				
6				
7				
8				
9				
10				
11				
12				
1				
2				
3				
4				
5				
6				
7				
8				
9				
10				
11				

JAN 2023

S	M	T	W	T	F	S
1	2	3	4	5	6	7
8	9	10	11	12	13	14
15	16	17	18	19	20	21
22	23	24	25	26	27	28
29	30	31				

	MON 9	TUE 10	WED 11
12			
1			
2			
3			
4			
5			
6			
7			
8			
9			
10			
11			
12			
1			
2			
3			
4			
5			
6			
7			
8			
9			
10			
11			

THU	12	FRI	13	SAT	14	SUN	15
12							
1							
2							
3							
4							
5							
6							
7							
8							
9							
10							
11							
12							
1							
2							
3							
4							
5							
6							
7							
8							
9							
10							
11							
THU	12	FRI	13	SAT	14	SUN	15

JAN							2023	MON	16	TUE	17	WED	18
S	M	T	W	T	F	S							
1	2	3	4	5	6	7							
8	9	10	11	12	13	14							
15	16	17	18	19	20	21							
22	23	24	25	26	27	28							
29	30	31											

12
1
2
3
4
5
6
7
8
9
10
11
12
1
2
3
4
5
6
7
8
9
10
11

THU	19	FRI	20	SAT	21	SUN	22
12							
1							
2							
3							
4							
5							
6							
7							
8							
9							
10							
11							
12							
1							
2							
3							
4							
5							
6							
7							
8							
9							
10							
11							
		THU 19	FRI 20	SAT 21	SUN 22		

JAN 2023

S	M	T	W	T	F	S
1	2	3	4	5	6	7
8	9	10	11	12	13	14
15	16	17	18	19	20	21
22	23	24	25	26	27	28
29	30	31				

	MON 23	TUE 24	WED 25
12			
1			
2			
3			
4			
5			
6			
7			
8			
9			
10			
11			
12			
1			
2			
3			
4			
5			
6			
7			
8			
9			
10			
11			

THU	26	FRI	27	SAT	28	SUN	29
12							
1							
2							
3							
4							
5							
6							
7							
8							
9							
10							
11							
12							
1							
2							
3							
4							
5							
6							
7							
8							
9							
10							
11							

| THU | 26 | FRI | 27 | SAT | 28 | SUN | 29 |

FEBRUARY 2023

SUNDAY	MONDAY	TUESDAY	WEDNESDAY
			1
5	6	7	8
12	13	14	15
19	20 *Presidents' Day*	21	22
26	27	28	

	JANUARY	FEBRUARY	MARCH

	S M T W T F S
	1 2 3 4 5 6 7
	8 9 10 11 12 13 14
	15 16 17 18 19 20 21
	22 23 24 25 26 27 28
	29 30 31
		S M T W T F S
		            1 2 3 4
		5 6 7 8 9 10 11
		12 13 14 15 16 17 18
		19 20 21 22 23 24 25
		26 27 28
			S M T W T F S
			            1 2 3 4
			5 6 7 8 9 10 11
			12 13 14 15 16 17 18
			19 20 21 22 23 24 25
			26 27 28 29 30 31

THURSDAY	FRIDAY	SATURDAY	NOTES
2	3	4	
9	10	11	
16	17	18	
23	24	25	
☐	☐	☐	
☐	☐	☐	
☐	☐	☐	
☐	☐	☐	
☐	☐	☐	

FEB 2023

S	M	T	W	T	F	S
			1	2	3	4
5	6	7	8	9	10	11
12	13	14	15	16	17	18
19	20	21	22	23	24	25
26	27	28				

	MON 30	TUE 31	WED 1
12			
1			
2			
3			
4			
5			
6			
7			
8			
9			
10			
11			
12			
1			
2			
3			
4			
5			
6			
7			
8			
9			
10			
11			

| | MON | TUE | WED |

THU 2	FRI 3	SAT 4	SUN 5
12			
1			
2			
3			
4			
5			
6			
7			
8			
9			
10			
11			
12			
1			
2			
3			
4			
5			
6			
7			
8			
9			
10			
11			
THU 2	FRI 3	SAT 4	SUN 5

FEB 2023

S	M	T	W	T	F	S
			1	2	3	4
5	6	7	8	9	10	11
12	13	14	15	16	17	18
19	20	21	22	23	24	25
26	27	28				

Time	MON 6	TUE 7	WED 8
12			
1			
2			
3			
4			
5			
6			
7			
8			
9			
10			
11			
12			
1			
2			
3			
4			
5			
6			
7			
8			
9			
10			
11			

THU	9	FRI	10	SAT	11	SUN	12
12							
1							
2							
3							
4							
5							
6							
7							
8							
9							
10							
11							
12							
1							
2							
3							
4							
5							
6							
7							
8							
9							
10							
11							

FEB 2023

S	M	T	W	T	F	S
			1	2	3	4
5	6	7	8	9	10	11
12	13	14	15	16	17	18
19	20	21	22	23	24	25
26	27	28				

MON 13 | TUE 14 | WED 15

12
1
2
3
4
5
6
7
8
9
10
11
12
1
2
3
4
5
6
7
8
9
10
11

THU	16	FRI	17	SAT	18	SUN	19
12							
1							
2							
3							
4							
5							
6							
7							
8							
9							
10							
11							
12							
1							
2							
3							
4							
5							
6							
7							
8							
9							
10							
11							
THU	16	FRI	17	SAT	18	SUN	19

FEB 2023

S	M	T	W	T	F	S
			1	2	3	4
5	6	7	8	9	10	11
12	13	14	15	16	17	18
19	20	21	22	23	24	25
26	27	28				

	MON 20	TUE 21	WED 22
12			
1			
2			
3			
4			
5			
6			
7			
8			
9			
10			
11			
12			
1			
2			
3			
4			
5			
6			
7			
8			
9			
10			
11			

THU 23	FRI 24	SAT 25	SUN 26
12			
1			
2			
3			
4			
5			
6			
7			
8			
9			
10			
11			
12			
1			
2			
3			
4			
5			
6			
7			
8			
9			
10			
11			

MARCH 2023

SUNDAY	MONDAY	TUESDAY	WEDNESDAY
			1
5	6	7	8
12	13	14	15
19	20	21	22
26	27	28	29

FEBRUARY
S	M	T	W	T	F	S
			1	2	3	4
5	6	7	8	9	10	11
12	13	14	15	16	17	18
19	20	21	22	23	24	25
26	27	28				

MARCH
S	M	T	W	T	F	S
			1	2	3	4
5	6	7	8	9	10	11
12	13	14	15	16	17	18
19	20	21	22	23	24	25
26	27	28	29	30	31	

APRIL
S	M	T	W	T	F	S
						1
2	3	4	5	6	7	8
9	10	11	12	13	14	15
16	17	18	19	20	21	22
23	24	25	26	27	28	29
30						

THURSDAY	FRIDAY	SATURDAY	NOTES
2	3	4	
9	10	11	
16	17	18	
23	24	25	
30	31		
☐	☐	☐	
☐	☐	☐	
☐	☐	☐	
☐	☐	☐	
☐	☐	☐	

MAR 2023

S	M	T	W	T	F	S
			1	2	3	4
5	6	7	8	9	10	11
12	13	14	15	16	17	18
19	20	21	22	23	24	25
26	27	28	29	30	31	

	MON 27	TUE 28	WED 1
12			
1			
2			
3			
4			
5			
6			
7			
8			
9			
10			
11			
12			
1			
2			
3			
4			
5			
6			
7			
8			
9			
10			
11			

THU	2	FRI	3	SAT	4	SUN	5
12							
1							
2							
3							
4							
5							
6							
7							
8							
9							
10							
11							
12							
1							
2							
3							
4							
5							
6							
7							
8							
9							
10							
11							
THU	2	FRI	3	SAT	4	SUN	5

MAR 2023

S	M	T	W	T	F	S
			1	2	3	4
5	6	7	8	9	10	11
12	13	14	15	16	17	18
19	20	21	22	23	24	25
26	27	28	29	30	31	

	MON 6	TUE 7	WED 8
12			
1			
2			
3			
4			
5			
6			
7			
8			
9			
10			
11			
12			
1			
2			
3			
4			
5			
6			
7			
8			
9			
10			
11			

THU	9	FRI	10	SAT	11	SUN	12
12							
1							
2							
3							
4							
5							
6							
7							
8							
9							
10							
11							
12							
1							
2							
3							
4							
5							
6							
7							
8							
9							
10							
11							
THU	9	FRI	10	SAT	11	SUN	12

MAR 2023

S	M	T	W	T	F	S
			1	2	3	4
5	6	7	8	9	10	11
12	13	14	15	16	17	18
19	20	21	22	23	24	25
26	27	28	29	30	31	

	MON 13	TUE 14	WED 15
12			
1			
2			
3			
4			
5			
6			
7			
8			
9			
10			
11			
12			
1			
2			
3			
4			
5			
6			
7			
8			
9			
10			
11			

THU	16	FRI	17	SAT	18	SUN	19
12							
1							
2							
3							
4							
5							
6							
7							
8							
9							
10							
11							
12							
1							
2							
3							
4							
5							
6							
7							
8							
9							
10							
11							

MAR 2023

S	M	T	W	T	F	S
			1	2	3	4
5	6	7	8	9	10	11
12	13	14	15	16	17	18
19	20	21	22	23	24	25
26	27	28	29	30	31	

	MON 20	TUE 21	WED 22
12			
1			
2			
3			
4			
5			
6			
7			
8			
9			
10			
11			
12			
1			
2			
3			
4			
5			
6			
7			
8			
9			
10			
11			

THU 23	FRI 24	SAT 25	SUN 26
12			
1			
2			
3			
4			
5			
6			
7			
8			
9			
10			
11			
12			
1			
2			
3			
4			
5			
6			
7			
8			
9			
10			
11			

MAR 2023

S	M	T	W	T	F	S
			1	2	3	4
5	6	7	8	9	10	11
12	13	14	15	16	17	18
19	20	21	22	23	24	25
26	27	28	29	30	31	

	MON 27	TUE 28	WED 29
12			
1			
2			
3			
4			
5			
6			
7			
8			
9			
10			
11			
12			
1			
2			
3			
4			
5			
6			
7			
8			
9			
10			
11			

THU	30	FRI	31	SAT	1	SUN	2
12							
1							
2							
3							
4							
5							
6							
7							
8							
9							
10							
11							
12							
1							
2							
3							
4							
5							
6							
7							
8							
9							
10							
11							
THU		FRI		SAT		SUN	

APRIL 2023

SUNDAY	MONDAY	TUESDAY	WEDNESDAY
2	3	4	5
9	10	11	12
16	17	18	19
23	24	25	26

30	MARCH
	S M T W T F S
	         1 2 3 4
	5 6 7 8 9 10 11
	12 13 14 15 16 17 18
	19 20 21 22 23 24 25
	26 27 28 29 30 31
		APRIL
		S M T W T F S
		                    1
		2 3 4 5 6 7 8
		9 10 11 12 13 14 15
		16 17 18 19 20 21 22
		23 24 25 26 27 28 29
		30
			MAY
			S M T W T F S
			   1 2 3 4 5 6
			7 8 9 10 11 12 13
			14 15 16 17 18 19 20
			21 22 23 24 25 26 27
			28 29 30 31

THURSDAY	FRIDAY	SATURDAY	NOTES
		1	
6	7	8	
13	14	15	
20	21	22	
27	28	29	
☐	☐	☐	
☐	☐	☐	
☐	☐	☐	
☐	☐	☐	
☐	☐	☐	

APR 2023

S	M	T	W	T	F	S
						1
2	3	4	5	6	7	8
9	10	11	12	13	14	15
16	17	18	19	20	21	22
23	24	25	26	27	28	29
30						

	MON 3	TUE 4	WED 5
12			
1			
2			
3			
4			
5			
6			
7			
8			
9			
10			
11			
12			
1			
2			
3			
4			
5			
6			
7			
8			
9			
10			
11			

THU	6	FRI	7	SAT	8	SUN	9
12							
1							
2							
3							
4							
5							
6							
7							
8							
9							
10							
11							
12							
1							
2							
3							
4							
5							
6							
7							
8							
9							
10							
11							
THU	6	FRI	7	SAT	8	SUN	9

APR 2023

S	M	T	W	T	F	S
						1
2	3	4	5	6	7	8
9	10	11	12	13	14	15
16	17	18	19	20	21	22
23	24	25	26	27	28	29
30						

	MON 10	TUE 11	WED 12
12			
1			
2			
3			
4			
5			
6			
7			
8			
9			
10			
11			
12			
1			
2			
3			
4			
5			
6			
7			
8			
9			
10			
11			

	THU 13	FRI 14	SAT 15	SUN 16
12				
1				
2				
3				
4				
5				
6				
7				
8				
9				
10				
11				
12				
1				
2				
3				
4				
5				
6				
7				
8				
9				
10				
11				

APR 2023

S	M	T	W	T	F	S
						1
2	3	4	5	6	7	8
9	10	11	12	13	14	15
16	17	18	19	20	21	22
23	24	25	26	27	28	29
30						

	MON 17	TUE 18	WED 19
12			
1			
2			
3			
4			
5			
6			
7			
8			
9			
10			
11			
12			
1			
2			
3			
4			
5			
6			
7			
8			
9			
10			
11			

THU	20	FRI	21	SAT	22	SUN	23

APR 2023

S	M	T	W	T	F	S
						1
2	3	4	5	6	7	8
9	10	11	12	13	14	15
16	17	18	19	20	21	22
23	24	25	26	27	28	29
30						

	MON 24	TUE 25	WED 26
12			
1			
2			
3			
4			
5			
6			
7			
8			
9			
10			
11			
12			
1			
2			
3			
4			
5			
6			
7			
8			
9			
10			
11			

	THU	27	FRI	28	SAT	29	SUN	30
12								
1								
2								
3								
4								
5								
6								
7								
8								
9								
10								
11								
12								
1								
2								
3								
4								
5								
6								
7								
8								
9								
10								
11								
	THU	27	FRI	28	SAT	29	SUN	30

MAY 2023

SUNDAY	MONDAY	TUESDAY	WEDNESDAY
	1	2	3
7	8	9	10
14	15	16	17
21	22	23	24
28	29 *Memorial Day*	30	31

APRIL
S	M	T	W	T	F	S
						1
2	3	4	5	6	7	8
9	10	11	12	13	14	15
16	17	18	19	20	21	22
23	24	25	26	27	28	29
30						

MAY
S	M	T	W	T	F	S
	1	2	3	4	5	6
7	8	9	10	11	12	13
14	15	16	17	18	19	20
21	22	23	24	25	26	27
28	29	30	31			

JUNE
S	M	T	W	T	F	S
				1	2	3
4	5	6	7	8	9	10
11	12	13	14	15	16	17
18	19	20	21	22	23	24
25	26	27	28	29	30	

THURSDAY	FRIDAY	SATURDAY	NOTES
4	5	6	
11	12	13	
18	19	20	
25	26	27	
☐	☐	☐	
☐	☐	☐	
☐	☐	☐	
☐	☐	☐	
☐	☐	☐	

MAY 2023

S	M	T	W	T	F	S
	1	2	3	4	5	6
7	8	9	10	11	12	13
14	15	16	17	18	19	20
21	22	23	24	25	26	27
28	29	30	31			

	MON 1	TUE 2	WED 3
12			
1			
2			
3			
4			
5			
6			
7			
8			
9			
10			
11			
12			
1			
2			
3			
4			
5			
6			
7			
8			
9			
10			
11			

THU	4	FRI	5	SAT	6	SUN	7
12							
1							
2							
3							
4							
5							
6							
7							
8							
9							
10							
11							
12							
1							
2							
3							
4							
5							
6							
7							
8							
9							
10							
11							
THU	4	FRI	5	SAT	6	SUN	7

MAY 2023

S	M	T	W	T	F	S
	1	2	3	4	5	6
7	8	9	10	11	12	13
14	15	16	17	18	19	20
21	22	23	24	25	26	27
28	29	30	31			

	MON 8	TUE 9	WED 10
12			
1			
2			
3			
4			
5			
6			
7			
8			
9			
10			
11			
12			
1			
2			
3			
4			
5			
6			
7			
8			
9			
10			
11			

THU	11	FRI	12	SAT	13	SUN	14
12							
1							
2							
3							
4							
5							
6							
7							
8							
9							
10							
11							
12							
1							
2							
3							
4							
5							
6							
7							
8							
9							
10							
11							

MAY 2023

S	M	T	W	T	F	S
	1	2	3	4	5	6
7	8	9	10	11	12	13
14	15	16	17	18	19	20
21	22	23	24	25	26	27
28	29	30	31			

Time	MON 15	TUE 16	WED 17
12			
1			
2			
3			
4			
5			
6			
7			
8			
9			
10			
11			
12			
1			
2			
3			
4			
5			
6			
7			
8			
9			
10			
11			

THU	18	FRI	19	SAT	20	SUN	21
12							
1							
2							
3							
4							
5							
6							
7							
8							
9							
10							
11							
12							
1							
2							
3							
4							
5							
6							
7							
8							
9							
10							
11							

MAY 2023

S	M	T	W	T	F	S
	1	2	3	4	5	6
7	8	9	10	11	12	13
14	15	16	17	18	19	20
21	22	23	24	25	26	27
28	29	30	31			

	MON 22	TUE 23	WED 24
12			
1			
2			
3			
4			
5			
6			
7			
8			
9			
10			
11			
12			
1			
2			
3			
4			
5			
6			
7			
8			
9			
10			
11			

	THU	25	FRI	26	SAT	27	SUN	28
12								
1								
2								
3								
4								
5								
6								
7								
8								
9								
10								
11								
12								
1								
2								
3								
4								
5								
6								
7								
8								
9								
10								
11								

JUNE 2023

SUNDAY	MONDAY	TUESDAY	WEDNESDAY
4	5	6	7
11	12	13	14
18	19	20	21
25	26	27	28

MAY
S	M	T	W	T	F	S
	1	2	3	4	5	6
7	8	9	10	11	12	13
14	15	16	17	18	19	20
21	22	23	24	25	26	27
28	29	30	31			

JUNE
S	M	T	W	T	F	S
				1	2	3
4	5	6	7	8	9	10
11	12	13	14	15	16	17
18	19	20	21	22	23	24
25	26	27	28	29	30	

JULY
S	M	T	W	T	F	S
						1
2	3	4	5	6	7	8
9	10	11	12	13	14	15
16	17	18	19	20	21	22
23	24	25	26	27	28	29
30	31					

THURSDAY	FRIDAY	SATURDAY	NOTES
1	2	3	
8	9	10	
15	16	17	
22	23	24	
29	30		
☐	☐	☐	
☐	☐	☐	
☐	☐	☐	
☐	☐	☐	
☐	☐	☐	

JUNE 2023

S	M	T	W	T	F	S
				1	2	3
4	5	6	7	8	9	10
11	12	13	14	15	16	17
18	19	20	21	22	23	24
25	26	27	28	29	30	

	MON 29	TUE 30	WED 31
12			
1			
2			
3			
4			
5			
6			
7			
8			
9			
10			
11			
12			
1			
2			
3			
4			
5			
6			
7			
8			
9			
10			
11			

THU	1	FRI	2	SAT	3	SUN	4
12							
1							
2							
3							
4							
5							
6							
7							
8							
9							
10							
11							
12							
1							
2							
3							
4							
5							
6							
7							
8							
9							
10							
11							
THU	1	FRI	2	SAT	3	SUN	4

JUNE 2023

S	M	T	W	T	F	S
				1	2	3
4	5	6	7	8	9	10
11	12	13	14	15	16	17
18	19	20	21	22	23	24
25	26	27	28	29	30	

	MON 5	TUE 6	WED 7
12			
1			
2			
3			
4			
5			
6			
7			
8			
9			
10			
11			
12			
1			
2			
3			
4			
5			
6			
7			
8			
9			
10			
11			

THU	8	FRI	9	SAT	10	SUN	11
12							
1							
2							
3							
4							
5							
6							
7							
8							
9							
10							
11							
12							
1							
2							
3							
4							
5							
6							
7							
8							
9							
10							
11							
THU	8	FRI	9	SAT	10	SUN	11

JUNE 2023

S	M	T	W	T	F	S
				1	2	3
4	5	6	7	8	9	10
11	12	13	14	15	16	17
18	19	20	21	22	23	24
25	26	27	28	29	30	

Time	MON 12	TUE 13	WED 14
12			
1			
2			
3			
4			
5			
6			
7			
8			
9			
10			
11			
12			
1			
2			
3			
4			
5			
6			
7			
8			
9			
10			
11			

	THU 15	FRI 16	SAT 17	SUN 18
12				
1				
2				
3				
4				
5				
6				
7				
8				
9				
10				
11				
12				
1				
2				
3				
4				
5				
6				
7				
8				
9				
10				
11				

JUNE 2023

S	M	T	W	T	F	S
				1	2	3
4	5	6	7	8	9	10
11	12	13	14	15	16	17
18	19	20	21	22	23	24
25	26	27	28	29	30	

	MON 19	TUE 20	WED 21
12			
1			
2			
3			
4			
5			
6			
7			
8			
9			
10			
11			
12			
1			
2			
3			
4			
5			
6			
7			
8			
9			
10			
11			

	THU 22	FRI 23	SAT 24	SUN 25
12				
1				
2				
3				
4				
5				
6				
7				
8				
9				
10				
11				
12				
1				
2				
3				
4				
5				
6				
7				
8				
9				
10				
11				

JUNE 2023

S	M	T	W	T	F	S
				1	2	3
4	5	6	7	8	9	10
11	12	13	14	15	16	17
18	19	20	21	22	23	24
25	26	27	28	29	30	

	MON 26	TUE 27	WED 28
12			
1			
2			
3			
4			
5			
6			
7			
8			
9			
10			
11			
12			
1			
2			
3			
4			
5			
6			
7			
8			
9			
10			
11			

THU	29	FRI	30	SAT	1	SUN	2
12							
1							
2							
3							
4							
5							
6							
7							
8							
9							
10							
11							
12							
1							
2							
3							
4							
5							
6							
7							
8							
9							
10							
11							

JULY 2023

SUNDAY	MONDAY	TUESDAY	WEDNESDAY
2	3	4 — Independence Day	5
9	10	11	12
16	17	18	19
23	24	25	26
30	31		

JUNE
S	M	T	W	T	F	S
				1	2	3
4	5	6	7	8	9	10
11	12	13	14	15	16	17
18	19	20	21	22	23	24
25	26	27	28	29	30	

JULY
S	M	T	W	T	F	S
						1
2	3	4	5	6	7	8
9	10	11	12	13	14	15
16	17	18	19	20	21	22
23	24	25	26	27	28	29
30	31					

THURSDAY	FRIDAY	SATURDAY	NOTES
		1	
6	7	8	
13	14	15	
20	21	22	
27	28	29	
☐	☐	☐	
☐	☐	☐	
☐	☐	☐	
☐	☐	☐	
☐	☐	☐	

JULY 2023

S	M	T	W	T	F	S
						1
2	3	4	5	6	7	8
9	10	11	12	13	14	15
16	17	18	19	20	21	22
23	24	25	26	27	28	29
30	31					

Hour	MON 3	TUE 4	WED 5
12			
1			
2			
3			
4			
5			
6			
7			
8			
9			
10			
11			
12			
1			
2			
3			
4			
5			
6			
7			
8			
9			
10			
11			

THU	6	FRI	7	SAT	8	SUN	9
12							
1							
2							
3							
4							
5							
6							
7							
8							
9							
10							
11							
12							
1							
2							
3							
4							
5							
6							
7							
8							
9							
10							
11							

JULY 2023

S	M	T	W	T	F	S
						1
2	3	4	5	6	7	8
9	10	11	12	13	14	15
16	17	18	19	20	21	22
23	24	25	26	27	28	29
30	31					

	MON 10	TUE 11	WED 12
12			
1			
2			
3			
4			
5			
6			
7			
8			
9			
10			
11			
12			
1			
2			
3			
4			
5			
6			
7			
8			
9			
10			
11			

THU	13	FRI	14	SAT	15	SUN	16
12							
1							
2							
3							
4							
5							
6							
7							
8							
9							
10							
11							
12							
1							
2							
3							
4							
5							
6							
7							
8							
9							
10							
11							
THU	13	FRI	14	SAT	15	SUN	16

JULY 2023

S	M	T	W	T	F	S
						1
2	3	4	5	6	7	8
9	10	11	12	13	14	15
16	17	18	19	20	21	22
23	24	25	26	27	28	29
30	31					

	MON 17	TUE 18	WED 19
12			
1			
2			
3			
4			
5			
6			
7			
8			
9			
10			
11			
12			
1			
2			
3			
4			
5			
6			
7			
8			
9			
10			
11			

THU	20	FRI	21	SAT	22	SUN	23
12							
1							
2							
3							
4							
5							
6							
7							
8							
9							
10							
11							
12							
1							
2							
3							
4							
5							
6							
7							
8							
9							
10							
11							

JULY 2023

S	M	T	W	T	F	S
						1
2	3	4	5	6	7	8
9	10	11	12	13	14	15
16	17	18	19	20	21	22
23	24	25	26	27	28	29
30	31					

Time	MON 24	TUE 25	WED 26
12			
1			
2			
3			
4			
5			
6			
7			
8			
9			
10			
11			
12			
1			
2			
3			
4			
5			
6			
7			
8			
9			
10			
11			

THU	27	FRI	28	SAT	29	SUN	30
12							
1							
2							
3							
4							
5							
6							
7							
8							
9							
10							
11							
12							
1							
2							
3							
4							
5							
6							
7							
8							
9							
10							
11							
THU	27	FRI	28	SAT	29	SUN	30

AUGUST 2023

SUNDAY	MONDAY	TUESDAY	WEDNESDAY
		1	2
6	7	8	9
13	14	15	16
20	21	22	23
27	28	29	30

JULY
S	M	T	W	T	F	S
						1
2	3	4	5	6	7	8
9	10	11	12	13	14	15
16	17	18	19	20	21	22
23	24	25	26	27	28	29
30	31					

AUGUST
S	M	T	W	T	F	S
		1	2	3	4	5
6	7	8	9	10	11	12
13	14	15	16	17	18	19
20	21	22	23	24	25	26
27	28	29	30	31		

SEPTEMBER
S	M	T	W	T	F	S
					1	2
3	4	5	6	7	8	9
10	11	12	13	14	15	16
17	18	19	20	21	22	23
24	25	26	27	28	29	30

THURSDAY	FRIDAY	SATURDAY	NOTES
3	4	5	
10	11	12	
17	18	19	
24	25	26	
31			
☐	☐	☐	
☐	☐	☐	
☐	☐	☐	
☐	☐	☐	
☐	☐	☐	

AUG						2023	MON	31	TUE	1	WED	2
S	M	T	W	T	F	S						
		1	2	3	4	5						
6	7	8	9	10	11	12						
13	14	15	16	17	18	19						
20	21	22	23	24	25	26						
27	28	29	30	31								

12
1
2
3
4
5
6
7
8
9
10
11
12
1
2
3
4
5
6
7
8
9
10
11

	THU	3	FRI	4	SAT	5	SUN	6
12								
1								
2								
3								
4								
5								
6								
7								
8								
9								
10								
11								
12								
1								
2								
3								
4								
5								
6								
7								
8								
9								
10								
11								
	THU	3	FRI	4	SAT	5	SUN	6

AUG 2023

S	M	T	W	T	F	S
		1	2	3	4	5
6	7	8	9	10	11	12
13	14	15	16	17	18	19
20	21	22	23	24	25	26
27	28	29	30	31		

	MON 7	TUE 8	WED 9
12			
1			
2			
3			
4			
5			
6			
7			
8			
9			
10			
11			
12			
1			
2			
3			
4			
5			
6			
7			
8			
9			
10			
11			

THU	10	FRI	11	SAT	12	SUN	13
12							
1							
2							
3							
4							
5							
6							
7							
8							
9							
10							
11							
12							
1							
2							
3							
4							
5							
6							
7							
8							
9							
10							
11							

AUG 2023

S	M	T	W	T	F	S
		1	2	3	4	5
6	7	8	9	10	11	12
13	14	15	16	17	18	19
20	21	22	23	24	25	26
27	28	29	30	31		

Time	MON 14	TUE 15	WED 16
12			
1			
2			
3			
4			
5			
6			
7			
8			
9			
10			
11			
12			
1			
2			
3			
4			
5			
6			
7			
8			
9			
10			
11			

THU	17	FRI	18	SAT	19	SUN	20
12							
1							
2							
3							
4							
5							
6							
7							
8							
9							
10							
11							
12							
1							
2							
3							
4							
5							
6							
7							
8							
9							
10							
11							
THU	17	FRI	18	SAT	19	SUN	20

AUG						2023	MON	21	TUE	22	WED	23
S	M	T	W	T	F	S						
		1	2	3	4	5						
6	7	8	9	10	11	12						
13	14	15	16	17	18	19						
20	21	22	23	24	25	26						
27	28	29	30	31								

THU	24	FRI	25	SAT	26	SUN	27
12							
1							
2							
3							
4							
5							
6							
7							
8							
9							
10							
11							
12							
1							
2							
3							
4							
5							
6							
7							
8							
9							
10							
11							
THU	24	FRI	25	SAT	26	SUN	27

AUG 2023

S	M	T	W	T	F	S
		1	2	3	4	5
6	7	8	9	10	11	12
13	14	15	16	17	18	19
20	21	22	23	24	25	26
27	28	29	30	31		

	MON 28	TUE 29	WED 30
12			
1			
2			
3			
4			
5			
6			
7			
8			
9			
10			
11			
12			
1			
2			
3			
4			
5			
6			
7			
8			
9			
10			
11			

	THU 31	FRI 1	SAT 2	SUN 3
12				
1				
2				
3				
4				
5				
6				
7				
8				
9				
10				
11				
12				
1				
2				
3				
4				
5				
6				
7				
8				
9				
10				
11				

SEPTEMBER 2023

SUNDAY	MONDAY	TUESDAY	WEDNESDAY
3	4 *Labor Day*	5	6
10	11	12	13
17	18	19	20
24	25	26	27

AUGUST
S	M	T	W	T	F	S
		1	2	3	4	5
6	7	8	9	10	11	12
13	14	15	16	17	18	19
20	21	22	23	24	25	26
27	28	29	30	31		

SEPTEMBER
S	M	T	W	T	F	S
					1	2
3	4	5	6	7	8	9
10	11	12	13	14	15	16
17	18	19	20	21	22	23
24	25	26	27	28	29	30

OCTOBER
S	M	T	W	T	F	S
1	2	3	4	5	6	7
8	9	10	11	12	13	14
15	16	17	18	19	20	21
22	23	24	25	26	27	28
29	30	31				

THURSDAY	FRIDAY	SATURDAY	NOTES
	1	2	
7	8	9	
14	15	16	
21	22	23	
28	29	30	
☐	☐	☐	
☐	☐	☐	
☐	☐	☐	
☐	☐	☐	
☐	☐	☐	

SEP 2023

S	M	T	W	T	F	S
					1	2
3	4	5	6	7	8	9
10	11	12	13	14	15	16
17	18	19	20	21	22	23
24	25	26	27	28	29	30

	MON 4	TUE 5	WED 6
12			
1			
2			
3			
4			
5			
6			
7			
8			
9			
10			
11			
12			
1			
2			
3			
4			
5			
6			
7			
8			
9			
10			
11			

	THU 7	FRI 8	SAT 9	SUN 10
12				
1				
2				
3				
4				
5				
6				
7				
8				
9				
10				
11				
12				
1				
2				
3				
4				
5				
6				
7				
8				
9				
10				
11				

SEP 2023

S	M	T	W	T	F	S
					1	2
3	4	5	6	7	8	9
10	11	12	13	14	15	16
17	18	19	20	21	22	23
24	25	26	27	28	29	30

	MON 11	TUE 12	WED 13
12			
1			
2			
3			
4			
5			
6			
7			
8			
9			
10			
11			
12			
1			
2			
3			
4			
5			
6			
7			
8			
9			
10			
11			

THU	14	FRI	15	SAT	16	SUN	17
12							
1							
2							
3							
4							
5							
6							
7							
8							
9							
10							
11							
12							
1							
2							
3							
4							
5							
6							
7							
8							
9							
10							
11							

SEP 2023

S	M	T	W	T	F	S
					1	2
3	4	5	6	7	8	9
10	11	12	13	14	15	16
17	18	19	20	21	22	23
24	25	26	27	28	29	30

	MON 18	TUE 19	WED 20
12			
1			
2			
3			
4			
5			
6			
7			
8			
9			
10			
11			
12			
1			
2			
3			
4			
5			
6			
7			
8			
9			
10			
11			

THU	21	FRI	22	SAT	23	SUN	24
12							
1							
2							
3							
4							
5							
6							
7							
8							
9							
10							
11							
12							
1							
2							
3							
4							
5							
6							
7							
8							
9							
10							
11							
THU	21	FRI	22	SAT	23	SUN	24

SEP 2023

S	M	T	W	T	F	S
					1	2
3	4	5	6	7	8	9
10	11	12	13	14	15	16
17	18	19	20	21	22	23
24	25	26	27	28	29	30

	MON 25	TUE 26	WED 27
12			
1			
2			
3			
4			
5			
6			
7			
8			
9			
10			
11			
12			
1			
2			
3			
4			
5			
6			
7			
8			
9			
10			
11			

THU 28	FRI 29	SAT 30	SUN 1
12			
1			
2			
3			
4			
5			
6			
7			
8			
9			
10			
11			
12			
1			
2			
3			
4			
5			
6			
7			
8			
9			
10			
11			

OCTOBER 2023

SUNDAY	MONDAY	TUESDAY	WEDNESDAY
1	2	3	4
8	9 *Columbus Day*	10	11
15	16	17	18
22	23	24	25
29	30	31	

SEPTEMBER
S	M	T	W	T	F	S
					1	2
3	4	5	6	7	8	9
10	11	12	13	14	15	16
17	18	19	20	21	22	23
24	25	26	27	28	29	30

OCTOBER
S	M	T	W	T	F	S
1	2	3	4	5	6	7
8	9	10	11	12	13	14
15	16	17	18	19	20	21
22	23	24	25	26	27	28
29	30	31				

NOVEMBER
S	M	T	W	T	F	S
			1	2	3	4
5	6	7	8	9	10	11
12	13	14	15	16	17	18
19	20	21	22	23	24	25
26	27	28	29	30		

THURSDAY	FRIDAY	SATURDAY	NOTES
5	6	7	
12	13	14	
19	20	21	
26	27	28	
☐	☐	☐	
☐	☐	☐	
☐	☐	☐	
☐	☐	☐	
☐	☐	☐	

OCT 2023

S	M	T	W	T	F	S
1	2	3	4	5	6	7
8	9	10	11	12	13	14
15	16	17	18	19	20	21
22	23	24	25	26	27	28
29	30	31				

	MON 2	TUE 3	WED 4
12			
1			
2			
3			
4			
5			
6			
7			
8			
9			
10			
11			
12			
1			
2			
3			
4			
5			
6			
7			
8			
9			
10			
11			

THU	5	FRI	6	SAT	7	SUN	8
12							
1							
2							
3							
4							
5							
6							
7							
8							
9							
10							
11							
12							
1							
2							
3							
4							
5							
6							
7							
8							
9							
10							
11							
THU	5	FRI	6	SAT	7	SUN	8

OCT 2023

S	M	T	W	T	F	S
1	2	3	4	5	6	7
8	9	10	11	12	13	14
15	16	17	18	19	20	21
22	23	24	25	26	27	28
29	30	31				

	MON 9	TUE 10	WED 11
12			
1			
2			
3			
4			
5			
6			
7			
8			
9			
10			
11			
12			
1			
2			
3			
4			
5			
6			
7			
8			
9			
10			
11			

THU	12	FRI	13	SAT	14	SUN	15
12							
1							
2							
3							
4							
5							
6							
7							
8							
9							
10							
11							
12							
1							
2							
3							
4							
5							
6							
7							
8							
9							
10							
11							

OCT 2023

S	M	T	W	T	F	S
1	2	3	4	5	6	7
8	9	10	11	12	13	14
15	16	17	18	19	20	21
22	23	24	25	26	27	28
29	30	31				

MON 16 | TUE 17 | WED 18

12
1
2
3
4
5
6
7
8
9
10
11
12
1
2
3
4
5
6
7
8
9
10
11

THU	19	FRI	20	SAT	21	SUN	22
12							
1							
2							
3							
4							
5							
6							
7							
8							
9							
10							
11							
12							
1							
2							
3							
4							
5							
6							
7							
8							
9							
10							
11							

OCT 2023

S	M	T	W	T	F	S
1	2	3	4	5	6	7
8	9	10	11	12	13	14
15	16	17	18	19	20	21
22	23	24	25	26	27	28
29	30	31				

MON 23　　TUE 24　　WED 25

THU	26	FRI	27	SAT	28	SUN	29
12							
1							
2							
3							
4							
5							
6							
7							
8							
9							
10							
11							
12							
1							
2							
3							
4							
5							
6							
7							
8							
9							
10							
11							
THU	26	FRI	27	SAT	28	SUN	29

NOVEMBER 2023

SUNDAY	MONDAY	TUESDAY	WEDNESDAY
			1
5	6	7	8
12	13	14	15
19	20	21	22
26	27	28	29

OCTOBER
S M T W T F S
1 2 3 4 5 6 7
8 9 10 11 12 13 14
15 16 17 18 19 20 21
22 23 24 25 26 27 28
29 30 31

NOVEMBER
S M T W T F S
         1 2 3 4
5 6 7 8 9 10 11
12 13 14 15 16 17 18
19 20 21 22 23 24 25
26 27 28 29 30

DECEMBER
S M T W T F S
                1 2
3 4 5 6 7 8 9
10 11 12 13 14 15 16
17 18 19 20 21 22 23
24 25 26 27 28 29 30
31

THURSDAY	FRIDAY	SATURDAY	
2	3	4	
9	10	11 Veterans Day	
16	17	18	
23 Thanksgiving Day	24	25	
30			

NOV 2023

S	M	T	W	T	F	S
			1	2	3	4
5	6	7	8	9	10	11
12	13	14	15	16	17	18
19	20	21	22	23	24	25
26	27	28	29	30		

	MON 30	TUE 31	WED 1
12			
1			
2			
3			
4			
5			
6			
7			
8			
9			
10			
11			
12			
1			
2			
3			
4			
5			
6			
7			
8			
9			
10			
11			

	THU 2	FRI 3	SAT 4	SUN 5
12				
1				
2				
3				
4				
5				
6				
7				
8				
9				
10				
11				
12				
1				
2				
3				
4				
5				
6				
7				
8				
9				
10				
11				

NOV 2023

S	M	T	W	T	F	S
			1	2	3	4
5	6	7	8	9	10	11
12	13	14	15	16	17	18
19	20	21	22	23	24	25
26	27	28	29	30		

	MON 6	TUE 7	WED 8
12			
1			
2			
3			
4			
5			
6			
7			
8			
9			
10			
11			
12			
1			
2			
3			
4			
5			
6			
7			
8			
9			
10			
11			

THU	9	FRI	10	SAT	11	SUN	12
12							
1							
2							
3							
4							
5							
6							
7							
8							
9							
10							
11							
12							
1							
2							
3							
4							
5							
6							
7							
8							
9							
10							
11							

NOV 2023

S	M	T	W	T	F	S
			1	2	3	4
5	6	7	8	9	10	11
12	13	14	15	16	17	18
19	20	21	22	23	24	25
26	27	28	29	30		

	MON 13	TUE 14	WED 15
12			
1			
2			
3			
4			
5			
6			
7			
8			
9			
10			
11			
12			
1			
2			
3			
4			
5			
6			
7			
8			
9			
10			
11			

THU	16	FRI	17	SAT	18	SUN	19
12							
1							
2							
3							
4							
5							
6							
7							
8							
9							
10							
11							
12							
1							
2							
3							
4							
5							
6							
7							
8							
9							
10							
11							
THU	16	FRI	17	SAT	18	SUN	19

NOV 2023

S	M	T	W	T	F	S
			1	2	3	4
5	6	7	8	9	10	11
12	13	14	15	16	17	18
19	20	21	22	23	24	25
26	27	28	29	30		

	MON 20	TUE 21	WED 22
12			
1			
2			
3			
4			
5			
6			
7			
8			
9			
10			
11			
12			
1			
2			
3			
4			
5			
6			
7			
8			
9			
10			
11			

THU	23	FRI	24	SAT	25	SUN	26
12							
1							
2							
3							
4							
5							
6							
7							
8							
9							
10							
11							
12							
1							
2							
3							
4							
5							
6							
7							
8							
9							
10							
11							

NOV 2023

S	M	T	W	T	F	S
			1	2	3	4
5	6	7	8	9	10	11
12	13	14	15	16	17	18
19	20	21	22	23	24	25
26	27	28	29	30		

	MON 27	TUE 28	WED 29
12			
1			
2			
3			
4			
5			
6			
7			
8			
9			
10			
11			
12			
1			
2			
3			
4			
5			
6			
7			
8			
9			
10			
11			

	THU 30	FRI 1	SAT 2	SUN 3
12				
1				
2				
3				
4				
5				
6				
7				
8				
9				
10				
11				
12				
1				
2				
3				
4				
5				
6				
7				
8				
9				
10				
11				

DECEMBER 2023

SUNDAY	MONDAY	TUESDAY	WEDNESDAY
3	4	5	6
10	11	12	13
17	18	19	20
24	25 *Christmas Day*	26	27
31			

NOVEMBER
S	M	T	W	T	F	S
			1	2	3	4
5	6	7	8	9	10	11
12	13	14	15	16	17	18
19	20	21	22	23	24	25
26	27	28	29	30		

DECEMBER
S	M	T	W	T	F	S
					1	2
3	4	5	6	7	8	9
10	11	12	13	14	15	16
17	18	19	20	21	22	23
24	25	26	27	28	29	30
31						

JANUARY 2024
S	M	T	W	T	F	S
	1	2	3	4	5	6
7	8	9	10	11	12	13
14	15	16	17	18	19	20
21	22	23	24	25	26	27
28	29	30	31			

THURSDAY	FRIDAY	SATURDAY	NOTES
	1	2	
7	8	9	
14	15	16	
21	22	23	
28	29	30	
☐	☐	☐	
☐	☐	☐	
☐	☐	☐	
☐	☐	☐	
☐	☐	☐	

DEC						2023		MON	4	TUE	5	WED	6
S	M	T	W	T	F	S							
					1	2	12						
3	4	5	6	7	8	9	1						
10	11	12	13	14	15	16	2						
17	18	19	20	21	22	23	3						
24	25	26	27	28	29	30							
31													

Hours: 4, 5, 6, 7, 8, 9, 10, 11, 12, 1, 2, 3, 4, 5, 6, 7, 8, 9, 10, 11

| | MON | 4 | TUE | 5 | WED | 6 |

	THU 7	FRI 8	SAT 9	SUN 10
12				
1				
2				
3				
4				
5				
6				
7				
8				
9				
10				
11				
12				
1				
2				
3				
4				
5				
6				
7				
8				
9				
10				
11				

DEC 2023

S	M	T	W	T	F	S
					1	2
3	4	5	6	7	8	9
10	11	12	13	14	15	16
17	18	19	20	21	22	23
24	25	26	27	28	29	30
31						

	MON 11	TUE 12	WED 13
12			
1			
2			
3			
4			
5			
6			
7			
8			
9			
10			
11			
12			
1			
2			
3			
4			
5			
6			
7			
8			
9			
10			
11			

THU	14	FRI	15	SAT	16	SUN	17
12							
1							
2							
3							
4							
5							
6							
7							
8							
9							
10							
11							
12							
1							
2							
3							
4							
5							
6							
7							
8							
9							
10							
11							

DEC 2023

S	M	T	W	T	F	S
					1	2
3	4	5	6	7	8	9
10	11	12	13	14	15	16
17	18	19	20	21	22	23
24	25	26	27	28	29	30
31						

	MON 18	TUE 19	WED 20
12			
1			
2			
3			
4			
5			
6			
7			
8			
9			
10			
11			
12			
1			
2			
3			
4			
5			
6			
7			
8			
9			
10			
11			

THU 21	FRI 22	SAT 23	SUN 24
12			
1			
2			
3			
4			
5			
6			
7			
8			
9			
10			
11			
12			
1			
2			
3			
4			
5			
6			
7			
8			
9			
10			
11			

DEC 2023

S	M	T	W	T	F	S
					1	2
3	4	5	6	7	8	9
10	11	12	13	14	15	16
17	18	19	20	21	22	23
24	25	26	27	28	29	30
31						

	MON 25	TUE 26	WED 27
12			
1			
2			
3			
4			
5			
6			
7			
8			
9			
10			
11			
12			
1			
2			
3			
4			
5			
6			
7			
8			
9			
10			
11			

THU	28	FRI	29	SAT	30	SUN	31
12							
1							
2							
3							
4							
5							
6							
7							
8							
9							
10							
11							
12							
1							
2							
3							
4							
5							
6							
7							
8							
9							
10							
11							

2024

2024

January	February	March	April	May	June
1 M	1 T	1 F	1 M	1 W	1 S
2 T	2 F	2 S	2 T	2 T	2 S
3 W	3 S	3 S	3 W	3 F	3 M
4 T	4 S	4 M	4 T	4 S	4 T
5 F	5 M	5 T	5 F	5 S	5 W
6 S	6 T	6 W	6 S	6 M	6 T
7 S	7 W	7 T	7 S	7 T	7 F
8 M	8 T	8 F	8 M	8 W	8 S
9 T	9 F	9 S	9 T	9 T	9 S
10 W	10 S	10 S	10 W	10 F	10 M
11 T	11 S	11 M	11 T	11 S	11 T
12 F	12 M	12 T	12 F	12 S	12 W
13 S	13 T	13 W	13 S	13 M	13 T
14 S	14 W	14 T	14 S	14 T	14 F
15 M	15 T	15 F	15 M	15 W	15 S
16 T	16 F	16 S	16 T	16 T	16 S
17 W	17 S	17 S	17 W	17 F	17 M
18 T	18 S	18 M	18 T	18 S	18 T
19 F	19 M	19 T	19 F	19 S	19 W
20 S	20 T	20 W	20 S	20 M	20 T
21 S	21 W	21 T	21 S	21 T	21 F
22 M	22 T	22 F	22 M	22 W	22 S
23 T	23 F	23 S	23 T	23 T	23 S
24 W	24 S	24 S	24 W	24 F	24 M
25 T	25 S	25 M	25 T	25 S	25 T
26 F	26 M	26 T	26 F	26 S	26 W
27 S	27 T	27 W	27 S	27 M	27 T
28 S	28 W	28 T	28 S	28 T	28 F
29 M	29 T	29 F	29 M	29 W	29 S
30 T		30 S	30 T	30 T	30 S
31 W		31 S		31 F	

2024

July	August	September	October	November	December
1 M	1 T	1 S	1 T	1 F	1 S
2 T	2 F	2 M	2 W	2 S	2 M
3 W	3 S	3 T	3 T	3 S	3 T
4 T	4 S	4 W	4 F	4 M	4 W
5 F	5 M	5 T	5 S	5 T	5 T
6 S	6 T	6 F	6 S	6 W	6 F
7 S	7 W	7 S	7 M	7 T	7 S
8 M	8 T	8 S	8 T	8 F	8 S
9 T	9 F	9 M	9 W	9 S	9 M
10 W	10 S	10 T	10 T	10 S	10 T
11 T	11 S	11 W	11 F	11 M	11 W
12 F	12 M	12 T	12 S	12 T	12 T
13 S	13 T	13 F	13 S	13 W	13 F
14 S	14 W	14 S	14 M	14 T	14 S
15 M	15 T	15 S	15 T	15 F	15 S
16 T	16 F	16 M	16 W	16 S	16 M
17 W	17 S	17 T	17 T	17 S	17 T
18 T	18 S	18 W	18 F	18 M	18 W
19 F	19 M	19 T	19 S	19 T	19 T
20 S	20 T	20 F	20 S	20 W	20 F
21 S	21 W	21 S	21 M	21 T	21 S
22 M	22 T	22 S	22 T	22 F	22 S
23 T	23 F	23 M	23 W	23 S	23 M
24 W	24 S	24 T	24 T	24 S	24 T
25 T	25 S	25 W	25 F	25 M	25 W
26 F	26 M	26 T	26 S	26 T	26 T
27 S	27 T	27 F	27 S	27 W	27 F
28 S	28 W	28 S	28 M	28 T	28 S
29 M	29 T	29 S	29 T	29 F	29 S
30 T	30 F	30 M	30 W	30 S	30 M
31 W	31 S		31 T		31 T

JANUARY 2024

SUNDAY	MONDAY	TUESDAY	WEDNESDAY
	1 New Year's Day	2	3
7	8	9	10
14	15 Martin Luther King Jr. Day	16	17
21	22	23	24
28	29	30	31

DECEMBER 2023
S	M	T	W	T	F	S
					1	2
3	4	5	6	7	8	9
10	11	12	13	14	15	16
17	18	19	20	21	22	23
24	25	26	27	28	29	30
31						

JANUARY
S	M	T	W	T	F	S
	1	2	3	4	5	6
7	8	9	10	11	12	13
14	15	16	17	18	19	20
21	22	23	24	25	26	27
28	29	30	31			

FEBRUARY
S	M	T	W	T	F	S
				1	2	3
4	5	6	7	8	9	10
11	12	13	14	15	16	17
18	19	20	21	22	23	24
25	26	27	28	29		

THURSDAY	FRIDAY	SATURDAY	NOTES
4	5	6	
11	12	13	
18	19	20	
25	26	27	
☐	☐	☐	
☐	☐	☐	
☐	☐	☐	
☐	☐	☐	
☐	☐	☐	

JAN 2024

S	M	T	W	T	F	S
	1	2	3	4	5	6
7	8	9	10	11	12	13
14	15	16	17	18	19	20
21	22	23	24	25	26	27
28	29	30	31			

	MON 1	TUE 2	WED 3
12			
1			
2			
3			
4			
5			
6			
7			
8			
9			
10			
11			
12			
1			
2			
3			
4			
5			
6			
7			
8			
9			
10			
11			

THU	4	FRI	5	SAT	6	SUN	7
12							
1							
2							
3							
4							
5							
6							
7							
8							
9							
10							
11							
12							
1							
2							
3							
4							
5							
6							
7							
8							
9							
10							
11							

JAN 2024

S	M	T	W	T	F	S
	1	2	3	4	5	6
7	8	9	10	11	12	13
14	15	16	17	18	19	20
21	22	23	24	25	26	27
28	29	30	31			

	MON 8	TUE 9	WED 10
12			
1			
2			
3			
4			
5			
6			
7			
8			
9			
10			
11			
12			
1			
2			
3			
4			
5			
6			
7			
8			
9			
10			
11			

	THU 11	FRI 12	SAT 13	SUN 14
12				
1				
2				
3				
4				
5				
6				
7				
8				
9				
10				
11				
12				
1				
2				
3				
4				
5				
6				
7				
8				
9				
10				
11				

JAN 2024

S	M	T	W	T	F	S
	1	2	3	4	5	6
7	8	9	10	11	12	13
14	15	16	17	18	19	20
21	22	23	24	25	26	27
28	29	30	31			

	MON 15	TUE 16	WED 17
12			
1			
2			
3			
4			
5			
6			
7			
8			
9			
10			
11			
12			
1			
2			
3			
4			
5			
6			
7			
8			
9			
10			
11			

THU	18	FRI	19	SAT	20	SUN	21
12							
1							
2							
3							
4							
5							
6							
7							
8							
9							
10							
11							
12							
1							
2							
3							
4							
5							
6							
7							
8							
9							
10							
11							
THU	18	FRI	19	SAT	20	SUN	21

JAN 2024

S	M	T	W	T	F	S
	1	2	3	4	5	6
7	8	9	10	11	12	13
14	15	16	17	18	19	20
21	22	23	24	25	26	27
28	29	30	31			

	MON 22	TUE 23	WED 24
12			
1			
2			
3			
4			
5			
6			
7			
8			
9			
10			
11			
12			
1			
2			
3			
4			
5			
6			
7			
8			
9			
10			
11			

THU	25	FRI	26	SAT	27	SUN	28
12							
1							
2							
3							
4							
5							
6							
7							
8							
9							
10							
11							
12							
1							
2							
3							
4							
5							
6							
7							
8							
9							
10							
11							
THU	25	FRI	26	SAT	27	SUN	28

JAN 2024

S	M	T	W	T	F	S
	1	2	3	4	5	6
7	8	9	10	11	12	13
14	15	16	17	18	19	20
21	22	23	24	25	26	27
28	29	30	31			

Time	MON 29	TUE 30	WED 31
12			
1			
2			
3			
4			
5			
6			
7			
8			
9			
10			
11			
12			
1			
2			
3			
4			
5			
6			
7			
8			
9			
10			
11			

THU	1	FRI	2	SAT	3	SUN	4
12							
1							
2							
3							
4							
5							
6							
7							
8							
9							
10							
11							
12							
1							
2							
3							
4							
5							
6							
7							
8							
9							
10							
11							
THU	1	FRI	2	SAT	3	SUN	4

FEBRUARY 2024

SUNDAY	MONDAY	TUESDAY	WEDNESDAY
4	5	6	7
11	12	13	14
18	19 Presidents' Day	20	21
25	26	27	28

JANUARY
S	M	T	W	T	F	S
	1	2	3	4	5	6
7	8	9	10	11	12	13
14	15	16	17	18	19	20
21	22	23	24	25	26	27
28	29	30	31			

FEBRUARY
S	M	T	W	T	F	S
				1	2	3
4	5	6	7	8	9	10
11	12	13	14	15	16	17
18	19	20	21	22	23	24
25	26	27	28	29		

MARCH
S	M	T	W	T	F	S
					1	2
3	4	5	6	7	8	9
10	11	12	13	14	15	16
17	18	19	20	21	22	23
24	25	26	27	28	29	30
31						

THURSDAY	FRIDAY	SATURDAY	NOTES
1	2	3	
8	9	10	
15	16	17	
22	23	24	
29			
☐	☐	☐	
☐	☐	☐	
☐	☐	☐	
☐	☐	☐	
☐	☐	☐	

FEB						2024	MON	5	TUE	6	WED	7
S	M	T	W	T	F	S						
				1	2	3						
4	5	6	7	8	9	10						
11	12	13	14	15	16	17						
18	19	20	21	22	23	24						
25	26	27	28	29								

12
1
2
3
4
5
6
7
8
9
10
11
12
1
2
3
4
5
6
7
8
9
10
11

THU	8	FRI	9	SAT	10	SUN	11
12							
1							
2							
3							
4							
5							
6							
7							
8							
9							
10							
11							
12							
1							
2							
3							
4							
5							
6							
7							
8							
9							
10							
11							
THU	8	FRI	9	SAT	10	SUN	11

FEB 2024

S	M	T	W	T	F	S
				1	2	3
4	5	6	7	8	9	10
11	12	13	14	15	16	17
18	19	20	21	22	23	24
25	26	27	28	29		

	MON 12	TUE 13	WED 14
12			
1			
2			
3			
4			
5			
6			
7			
8			
9			
10			
11			
12			
1			
2			
3			
4			
5			
6			
7			
8			
9			
10			
11			

THU 15	FRI 16	SAT 17	SUN 18
12			
1			
2			
3			
4			
5			
6			
7			
8			
9			
10			
11			
12			
1			
2			
3			
4			
5			
6			
7			
8			
9			
10			
11			

FEB 2024

S	M	T	W	T	F	S
				1	2	3
4	5	6	7	8	9	10
11	12	13	14	15	16	17
18	19	20	21	22	23	24
25	26	27	28	29		

	MON 19	TUE 20	WED 21
12			
1			
2			
3			
4			
5			
6			
7			
8			
9			
10			
11			
12			
1			
2			
3			
4			
5			
6			
7			
8			
9			
10			
11			

	THU 22	FRI 23	SAT 24	SUN 25
12				
1				
2				
3				
4				
5				
6				
7				
8				
9				
10				
11				
12				
1				
2				
3				
4				
5				
6				
7				
8				
9				
10				
11				
	THU 22	FRI 23	SAT 24	SUN 25

FEB 2024

S	M	T	W	T	F	S
				1	2	3
4	5	6	7	8	9	10
11	12	13	14	15	16	17
18	19	20	21	22	23	24
25	26	27	28	29		

	MON 26	TUE 27	WED 28
12			
1			
2			
3			
4			
5			
6			
7			
8			
9			
10			
11			
12			
1			
2			
3			
4			
5			
6			
7			
8			
9			
10			
11			

THU	29	FRI	1	SAT	2	SUN	3
12							
1							
2							
3							
4							
5							
6							
7							
8							
9							
10							
11							
12							
1							
2							
3							
4							
5							
6							
7							
8							
9							
10							
11							
THU	29	FRI	1	SAT	2	SUN	3

MARCH 2024

SUNDAY	MONDAY	TUESDAY	WEDNESDAY
3	4	5	6
10	11	12	13
17	18	19	20
24	25	26	27
31			

FEBRUARY
S	M	T	W	T	F	S
				1	2	3
4	5	6	7	8	9	10
11	12	13	14	15	16	17
18	19	20	21	22	23	24
25	26	27	28	29		

MARCH
S	M	T	W	T	F	S
					1	2
3	4	5	6	7	8	9
10	11	12	13	14	15	16
17	18	19	20	21	22	23
24	25	26	27	28	29	30
31						

APRIL
S	M	T	W	T	F	S
	1	2	3	4	5	6
7	8	9	10	11	12	13
14	15	16	17	18	19	20
21	22	23	24	25	26	27
28	29	30				

THURSDAY	FRIDAY	SATURDAY	NOTES
	1	2	
7	8	9	
14	15	16	
21	22	23	
28	29	30	
☐	☐	☐	
☐	☐	☐	
☐	☐	☐	
☐	☐	☐	
☐	☐	☐	

MAR						2024	MON	4	TUE	5	WED	6
S	M	T	W	T	F	S						
					1	2						
3	4	5	6	7	8	9						
10	11	12	13	14	15	16						
17	18	19	20	21	22	23						
24	25	26	27	28	29	30						
31												

Hours: 12, 1, 2, 3, 4, 5, 6, 7, 8, 9, 10, 11, 12, 1, 2, 3, 4, 5, 6, 7, 8, 9, 10, 11

THU	7	FRI	8	SAT	9	SUN	10
12							
1							
2							
3							
4							
5							
6							
7							
8							
9							
10							
11							
12							
1							
2							
3							
4							
5							
6							
7							
8							
9							
10							
11							
THU	7	FRI	8	SAT	9	SUN	10

MAR 2024

S	M	T	W	T	F	S
					1	2
3	4	5	6	7	8	9
10	11	12	13	14	15	16
17	18	19	20	21	22	23
24	25	26	27	28	29	30
31						

	MON 11	TUE 12	WED 13
12			
1			
2			
3			
4			
5			
6			
7			
8			
9			
10			
11			
12			
1			
2			
3			
4			
5			
6			
7			
8			
9			
10			
11			

	THU 14	FRI 15	SAT 16	SUN 17
12				
1				
2				
3				
4				
5				
6				
7				
8				
9				
10				
11				
12				
1				
2				
3				
4				
5				
6				
7				
8				
9				
10				
11				
	THU 14	FRI 15	SAT 16	SUN 17

MAR						2024	MON	18	TUE	19	WED	20
S	M	T	W	T	F	S						
					1	2						
3	4	5	6	7	8	9						
10	11	12	13	14	15	16						
17	18	19	20	21	22	23						
24	25	26	27	28	29	30						
31												

THU	21	FRI	22	SAT	23	SUN	24
12							
1							
2							
3							
4							
5							
6							
7							
8							
9							
10							
11							
12							
1							
2							
3							
4							
5							
6							
7							
8							
9							
10							
11							

MAR 2024

S	M	T	W	T	F	S
					1	2
3	4	5	6	7	8	9
10	11	12	13	14	15	16
17	18	19	20	21	22	23
24	25	26	27	28	29	30
31						

	MON 25	TUE 26	WED 27
12			
1			
2			
3			
4			
5			
6			
7			
8			
9			
10			
11			
12			
1			
2			
3			
4			
5			
6			
7			
8			
9			
10			
11			

THU	28	FRI	29	SAT	30	SUN	31
12							
1							
2							
3							
4							
5							
6							
7							
8							
9							
10							
11							
12							
1							
2							
3							
4							
5							
6							
7							
8							
9							
10							
11							

APRIL 2024

SUNDAY	MONDAY	TUESDAY	WEDNESDAY
	1	2	3
7	8	9	10
14	15	16	17
21	22	23	24
28	29	30	

MARCH
S	M	T	W	T	F	S
					1	2
3	4	5	6	7	8	9
10	11	12	13	14	15	16
17	18	19	20	21	22	23
24	25	26	27	28	29	30
31						

APRIL
S	M	T	W	T	F	S
	1	2	3	4	5	6
7	8	9	10	11	12	13
14	15	16	17	18	19	20
21	22	23	24	25	26	27
28	29	30				

MAY
S	M	T	W	T	F	S
			1	2	3	4
5	6	7	8	9	10	11
12	13	14	15	16	17	18
19	20	21	22	23	24	25
26	27	28	29	30	31	

THURSDAY	FRIDAY	SATURDAY	NOTES
4	5	6	
11	12	13	
18	19	20	
25	26	27	
☐	☐	☐	
☐	☐	☐	
☐	☐	☐	
☐	☐	☐	
☐	☐	☐	

APR 2024

S	M	T	W	T	F	S
	1	2	3	4	5	6
7	8	9	10	11	12	13
14	15	16	17	18	19	20
21	22	23	24	25	26	27
28	29	30				

	MON 1	TUE 2	WED 3
12			
1			
2			
3			
4			
5			
6			
7			
8			
9			
10			
11			
12			
1			
2			
3			
4			
5			
6			
7			
8			
9			
10			
11			

	THU 4	FRI 5	SAT 6	SUN 7
12				
1				
2				
3				
4				
5				
6				
7				
8				
9				
10				
11				
12				
1				
2				
3				
4				
5				
6				
7				
8				
9				
10				
11				
	THU 4	FRI 5	SAT 6	SUN 7

APR 2024

S	M	T	W	T	F	S
	1	2	3	4	5	6
7	8	9	10	11	12	13
14	15	16	17	18	19	20
21	22	23	24	25	26	27
28	29	30				

	MON 8	TUE 9	WED 10
12			
1			
2			
3			
4			
5			
6			
7			
8			
9			
10			
11			
12			
1			
2			
3			
4			
5			
6			
7			
8			
9			
10			
11			

THU	11	FRI	12	SAT	13	SUN	14

APR 2024

S	M	T	W	T	F	S
	1	2	3	4	5	6
7	8	9	10	11	12	13
14	15	16	17	18	19	20
21	22	23	24	25	26	27
28	29	30				

	MON 15	TUE 16	WED 17
12			
1			
2			
3			
4			
5			
6			
7			
8			
9			
10			
11			
12			
1			
2			
3			
4			
5			
6			
7			
8			
9			
10			
11			

THU	18	FRI	19	SAT	20	SUN	21
12							
1							
2							
3							
4							
5							
6							
7							
8							
9							
10							
11							
12							
1							
2							
3							
4							
5							
6							
7							
8							
9							
10							
11							

APR 2024

S	M	T	W	T	F	S
	1	2	3	4	5	6
7	8	9	10	11	12	13
14	15	16	17	18	19	20
21	22	23	24	25	26	27
28	29	30				

	MON 22	TUE 23	WED 24
12			
1			
2			
3			
4			
5			
6			
7			
8			
9			
10			
11			
12			
1			
2			
3			
4			
5			
6			
7			
8			
9			
10			
11			

THU	25	FRI	26	SAT	27	SUN	28
12							
1							
2							
3							
4							
5							
6							
7							
8							
9							
10							
11							
12							
1							
2							
3							
4							
5							
6							
7							
8							
9							
10							
11							
		THU 25	FRI 26	SAT 27	SUN 28

MAY 2024

SUNDAY	MONDAY	TUESDAY	WEDNESDAY
			1
5	6	7	8
12	13	14	15
19	20	21	22
26	27 Memorial Day	28	29

APRIL
S	M	T	W	T	F	S
	1	2	3	4	5	6
7	8	9	10	11	12	13
14	15	16	17	18	19	20
21	22	23	24	25	26	27
28	29	30				

MAY
S	M	T	W	T	F	S
			1	2	3	4
5	6	7	8	9	10	11
12	13	14	15	16	17	18
19	20	21	22	23	24	25
26	27	28	29	30	31	

JUNE
S	M	T	W	T	F	S
						1
2	3	4	5	6	7	8
9	10	11	12	13	14	15
16	17	18	19	20	21	22
23	24	25	26	27	28	29
30						

THURSDAY	FRIDAY	SATURDAY	NOTES
2	3	4	
9	10	11	
16	17	18	
23	24	25	
30	31		
☐	☐	☐	
☐	☐	☐	
☐	☐	☐	
☐	☐	☐	
☐	☐	☐	

MAY 2024

S	M	T	W	T	F	S
			1	2	3	4
5	6	7	8	9	10	11
12	13	14	15	16	17	18
19	20	21	22	23	24	25
26	27	28	29	30	31	

	MON 29	TUE 30	WED 1
12			
1			
2			
3			
4			
5			
6			
7			
8			
9			
10			
11			
12			
1			
2			
3			
4			
5			
6			
7			
8			
9			
10			
11			

THU 2	FRI 3	SAT 4	SUN 5
12			
1			
2			
3			
4			
5			
6			
7			
8			
9			
10			
11			
12			
1			
2			
3			
4			
5			
6			
7			
8			
9			
10			
11			

MAY 2024

S	M	T	W	T	F	S
			1	2	3	4
5	6	7	8	9	10	11
12	13	14	15	16	17	18
19	20	21	22	23	24	25
26	27	28	29	30	31	

	MON 6	TUE 7	WED 8
12			
1			
2			
3			
4			
5			
6			
7			
8			
9			
10			
11			
12			
1			
2			
3			
4			
5			
6			
7			
8			
9			
10			
11			

THU	9	FRI	10	SAT	11	SUN	12
12							
1							
2							
3							
4							
5							
6							
7							
8							
9							
10							
11							
12							
1							
2							
3							
4							
5							
6							
7							
8							
9							
10							
11							
THU	9	FRI	10	SAT	11	SUN	12

MAY 2024

S	M	T	W	T	F	S
			1	2	3	4
5	6	7	8	9	10	11
12	13	14	15	16	17	18
19	20	21	22	23	24	25
26	27	28	29	30	31	

MON 13　　TUE 14　　WED 15

12
1
2
3
4
5
6
7
8
9
10
11
12
1
2
3
4
5
6
7
8
9
10
11

	THU 16	FRI 17	SAT 18	SUN 19
12				
1				
2				
3				
4				
5				
6				
7				
8				
9				
10				
11				
12				
1				
2				
3				
4				
5				
6				
7				
8				
9				
10				
11				

MAY 2024

S	M	T	W	T	F	S
			1	2	3	4
5	6	7	8	9	10	11
12	13	14	15	16	17	18
19	20	21	22	23	24	25
26	27	28	29	30	31	

	MON 20	TUE 21	WED 22
12			
1			
2			
3			
4			
5			
6			
7			
8			
9			
10			
11			
12			
1			
2			
3			
4			
5			
6			
7			
8			
9			
10			
11			

	THU	23	FRI	24	SAT	25	SUN	26
12								
1								
2								
3								
4								
5								
6								
7								
8								
9								
10								
11								
12								
1								
2								
3								
4								
5								
6								
7								
8								
9								
10								
11								
	THU	23	FRI	24	SAT	25	SUN	26

MAY						2024	MON	27	TUE	28	WED	29
S	M	T	W	T	F	S						
			1	2	3	4						
5	6	7	8	9	10	11						
12	13	14	15	16	17	18						
19	20	21	22	23	24	25						
26	27	28	29	30	31							

12
1
2
3
4
5
6
7
8
9
10
11
12
1
2
3
4
5
6
7
8
9
10
11

THU	30	FRI	31	SAT	1	SUN	2
12							
1							
2							
3							
4							
5							
6							
7							
8							
9							
10							
11							
12							
1							
2							
3							
4							
5							
6							
7							
8							
9							
10							
11							
THU	30	FRI	31	SAT	1	SUN	2

JUNE 2024

SUNDAY	MONDAY	TUESDAY	WEDNESDAY
2	3	4	5
9	10	11	12
16	17	18	19
23	24	25	26
30	**MAY** S M T W T F S 　 　 　 1 2 3 4 5 6 7 8 9 10 11 12 13 14 15 16 17 18 19 20 21 22 23 24 25 26 27 28 29 30 31	**JUNE** S M T W T F S 　 　 　 　 　 　 1 2 3 4 5 6 7 8 9 10 11 12 13 14 15 16 17 18 19 20 21 22 23 24 25 26 27 28 29 30	**JULY** S M T W T F S 　 1 2 3 4 5 6 7 8 9 10 11 12 13 14 15 16 17 18 19 20 21 22 23 24 25 26 27 28 29 30 31

THURSDAY	FRIDAY	SATURDAY	NOTES
		1	
6	7	8	
13	14	15	
20	21	22	
27	28	29	
☐	☐	☐	
☐	☐	☐	
☐	☐	☐	
☐	☐	☐	
☐	☐	☐	

JUNE						2024	MON	3	TUE	4	WED	5
S	M	T	W	T	F	S						
						1						
2	3	4	5	6	7	8						
9	10	11	12	13	14	15						
16	17	18	19	20	21	22						
23	24	25	26	27	28	29						
30												

THU	6	FRI	7	SAT	8	SUN	9
12							
1							
2							
3							
4							
5							
6							
7							
8							
9							
10							
11							
12							
1							
2							
3							
4							
5							
6							
7							
8							
9							
10							
11							

JUNE 2024

S	M	T	W	T	F	S
						1
2	3	4	5	6	7	8
9	10	11	12	13	14	15
16	17	18	19	20	21	22
23	24	25	26	27	28	29
30						

	MON 10	TUE 11	WED 12
12			
1			
2			
3			
4			
5			
6			
7			
8			
9			
10			
11			
12			
1			
2			
3			
4			
5			
6			
7			
8			
9			
10			
11			

THU 13	FRI 14	SAT 15	SUN 16
12			
1			
2			
3			
4			
5			
6			
7			
8			
9			
10			
11			
12			
1			
2			
3			
4			
5			
6			
7			
8			
9			
10			
11			

JUNE 2024

S	M	T	W	T	F	S
						1
2	3	4	5	6	7	8
9	10	11	12	13	14	15
16	17	18	19	20	21	22
23	24	25	26	27	28	29
30						

	MON 17	TUE 18	WED 19
12			
1			
2			
3			
4			
5			
6			
7			
8			
9			
10			
11			
12			
1			
2			
3			
4			
5			
6			
7			
8			
9			
10			
11			

	THU 20	FRI 21	SAT 22	SUN 23
12				
1				
2				
3				
4				
5				
6				
7				
8				
9				
10				
11				
12				
1				
2				
3				
4				
5				
6				
7				
8				
9				
10				
11				
	THU 20	FRI 21	SAT 22	SUN 23

JUNE 2024

S	M	T	W	T	F	S
						1
2	3	4	5	6	7	8
9	10	11	12	13	14	15
16	17	18	19	20	21	22
23	24	25	26	27	28	29
30						

Hour	MON 24	TUE 25	WED 26
12			
1			
2			
3			
4			
5			
6			
7			
8			
9			
10			
11			
12			
1			
2			
3			
4			
5			
6			
7			
8			
9			
10			
11			

THU	27	FRI	28	SAT	29	SUN	30
12							
1							
2							
3							
4							
5							
6							
7							
8							
9							
10							
11							
12							
1							
2							
3							
4							
5							
6							
7							
8							
9							
10							
11							

JULY 2024

SUNDAY	MONDAY	TUESDAY	WEDNESDAY
	1	2	3
7	8	9	10
14	15	16	17
21	22	23	24
28	29	30	31

JUNE
S	M	T	W	T	F	S
						1
2	3	4	5	6	7	8
9	10	11	12	13	14	15
16	17	18	19	20	21	22
23	24	25	26	27	28	29
30						

JULY
S	M	T	W	T	F	S
	1	2	3	4	5	6
7	8	9	10	11	12	13
14	15	16	17	18	19	20
21	22	23	24	25	26	27
28	29	30	31			

AUGUST
S	M	T	W	T	F	S
				1	2	3
4	5	6	7	8	9	10
11	12	13	14	15	16	17
18	19	20	21	22	23	24
25	26	27	28	29	30	31

THURSDAY	FRIDAY	SATURDAY	NOTES
4 Independence Day	5	6	
11	12	13	
18	19	20	
25	26	27	
☐	☐	☐	
☐	☐	☐	
☐	☐	☐	
☐	☐	☐	
☐	☐	☐	

JULY 2024

S	M	T	W	T	F	S
	1	2	3	4	5	6
7	8	9	10	11	12	13
14	15	16	17	18	19	20
21	22	23	24	25	26	27
28	29	30	31			

Time	MON 1	TUE 2	WED 3
12			
1			
2			
3			
4			
5			
6			
7			
8			
9			
10			
11			
12			
1			
2			
3			
4			
5			
6			
7			
8			
9			
10			
11			

	THU 4	FRI 5	SAT 6	SUN 7
12				
1				
2				
3				
4				
5				
6				
7				
8				
9				
10				
11				
12				
1				
2				
3				
4				
5				
6				
7				
8				
9				
10				
11				
	THU 4	FRI 5	SAT 6	SUN 7

JULY 2024

S	M	T	W	T	F	S
	1	2	3	4	5	6
7	8	9	10	11	12	13
14	15	16	17	18	19	20
21	22	23	24	25	26	27
28	29	30	31			

Time	MON 8	TUE 9	WED 10
12			
1			
2			
3			
4			
5			
6			
7			
8			
9			
10			
11			
12			
1			
2			
3			
4			
5			
6			
7			
8			
9			
10			
11			

THU	11	FRI	12	SAT	13	SUN	14
12							
1							
2							
3							
4							
5							
6							
7							
8							
9							
10							
11							
12							
1							
2							
3							
4							
5							
6							
7							
8							
9							
10							
11							

JULY 2024

S	M	T	W	T	F	S
	1	2	3	4	5	6
7	8	9	10	11	12	13
14	15	16	17	18	19	20
21	22	23	24	25	26	27
28	29	30	31			

Time	MON 15	TUE 16	WED 17
12			
1			
2			
3			
4			
5			
6			
7			
8			
9			
10			
11			
12			
1			
2			
3			
4			
5			
6			
7			
8			
9			
10			
11			

THU	18	FRI	19	SAT	20	SUN	21
12							
1							
2							
3							
4							
5							
6							
7							
8							
9							
10							
11							
12							
1							
2							
3							
4							
5							
6							
7							
8							
9							
10							
11							
THU	18	FRI	19	SAT	20	SUN	21

JULY 2024

S	M	T	W	T	F	S
	1	2	3	4	5	6
7	8	9	10	11	12	13
14	15	16	17	18	19	20
21	22	23	24	25	26	27
28	29	30	31			

	MON 22	TUE 23	WED 24
12			
1			
2			
3			
4			
5			
6			
7			
8			
9			
10			
11			
12			
1			
2			
3			
4			
5			
6			
7			
8			
9			
10			
11			

	THU 25	FRI 26	SAT 27	SUN 28
12				
1				
2				
3				
4				
5				
6				
7				
8				
9				
10				
11				
12				
1				
2				
3				
4				
5				
6				
7				
8				
9				
10				
11				

JULY 2024

S	M	T	W	T	F	S
	1	2	3	4	5	6
7	8	9	10	11	12	13
14	15	16	17	18	19	20
21	22	23	24	25	26	27
28	29	30	31			

	MON 29	TUE 30	WED 31
12			
1			
2			
3			
4			
5			
6			
7			
8			
9			
10			
11			
12			
1			
2			
3			
4			
5			
6			
7			
8			
9			
10			
11			

THU	1	FRI	2	SAT	3	SUN	4
12							
1							
2							
3							
4							
5							
6							
7							
8							
9							
10							
11							
12							
1							
2							
3							
4							
5							
6							
7							
8							
9							
10							
11							
THU	1	FRI	2	SAT	3	SUN	4

AUGUST 2024

SUNDAY	MONDAY	TUESDAY	WEDNESDAY
4	5	6	7
11	12	13	14
18	19	20	21
25	26	27	28

JULY
S	M	T	W	T	F	S
	1	2	3	4	5	6
7	8	9	10	11	12	13
14	15	16	17	18	19	20
21	22	23	24	25	26	27
28	29	30	31			

AUGUST
S	M	T	W	T	F	S
				1	2	3
4	5	6	7	8	9	10
11	12	13	14	15	16	17
18	19	20	21	22	23	24
25	26	27	28	29	30	31

SEPTEMBER
S	M	T	W	T	F	S
1	2	3	4	5	6	7
8	9	10	11	12	13	14
15	16	17	18	19	20	21
22	23	24	25	26	27	28
29	30					

THURSDAY	FRIDAY	SATURDAY	NOTES
1	2	3	
8	9	10	
15	16	17	
22	23	24	
29	30	31	
☐	☐	☐	
☐	☐	☐	
☐	☐	☐	
☐	☐	☐	
☐	☐	☐	

AUG 2024

S	M	T	W	T	F	S
				1	2	3
4	5	6	7	8	9	10
11	12	13	14	15	16	17
18	19	20	21	22	23	24
25	26	27	28	29	30	31

	MON 5	TUE 6	WED 7
12			
1			
2			
3			
4			
5			
6			
7			
8			
9			
10			
11			
12			
1			
2			
3			
4			
5			
6			
7			
8			
9			
10			
11			

	THU 8	FRI 9	SAT 10	SUN 11
12				
1				
2				
3				
4				
5				
6				
7				
8				
9				
10				
11				
12				
1				
2				
3				
4				
5				
6				
7				
8				
9				
10				
11				

AUG 2024

S	M	T	W	T	F	S
				1	2	3
4	5	6	7	8	9	10
11	12	13	14	15	16	17
18	19	20	21	22	23	24
25	26	27	28	29	30	31

	MON 12	TUE 13	WED 14
12			
1			
2			
3			
4			
5			
6			
7			
8			
9			
10			
11			
12			
1			
2			
3			
4			
5			
6			
7			
8			
9			
10			
11			

THU	15	FRI	16	SAT	17	SUN	18
12							
1							
2							
3							
4							
5							
6							
7							
8							
9							
10							
11							
12							
1							
2							
3							
4							
5							
6							
7							
8							
9							
10							
11							
THU	15	FRI	16	SAT	17	SUN	18

AUG 2024

S	M	T	W	T	F	S
				1	2	3
4	5	6	7	8	9	10
11	12	13	14	15	16	17
18	19	20	21	22	23	24
25	26	27	28	29	30	31

MON 19　　TUE 20　　WED 21

12
1
2
3
4
5
6
7
8
9
10
11
12
1
2
3
4
5
6
7
8
9
10
11

	THU 22	FRI 23	SAT 24	SUN 25
12				
1				
2				
3				
4				
5				
6				
7				
8				
9				
10				
11				
12				
1				
2				
3				
4				
5				
6				
7				
8				
9				
10				
11				
	THU 22	FRI 23	SAT 24	SUN 25

AUG 2024

S	M	T	W	T	F	S
				1	2	3
4	5	6	7	8	9	10
11	12	13	14	15	16	17
18	19	20	21	22	23	24
25	26	27	28	29	30	31

MON 26 | TUE 27 | WED 28

12
1
2
3
4
5
6
7
8
9
10
11
12
1
2
3
4
5
6
7
8
9
10
11

	THU	29	FRI	30	SAT	31	SUN	1
12								
1								
2								
3								
4								
5								
6								
7								
8								
9								
10								
11								
12								
1								
2								
3								
4								
5								
6								
7								
8								
9								
10								
11								
	THU	29	FRI	30	SAT	31	SUN	1

SEPTEMBER 2024

SUNDAY	MONDAY	TUESDAY	WEDNESDAY
1	2 Labor Day	3	4
8	9	10	11
15	16	17	18
22	23	24	25
29	30		

AUGUST
S	M	T	W	T	F	S
				1	2	3
4	5	6	7	8	9	10
11	12	13	14	15	16	17
18	19	20	21	22	23	24
25	26	27	28	29	30	31

SEPTEMBER
S	M	T	W	T	F	S
1	2	3	4	5	6	7
8	9	10	11	12	13	14
15	16	17	18	19	20	21
22	23	24	25	26	27	28
29	30					

OCTOBER
S	M	T	W	T	F	S
		1	2	3	4	5
6	7	8	9	10	11	12
13	14	15	16	17	18	19
20	21	22	23	24	25	26
27	28	29	30	31		

THURSDAY	FRIDAY	SATURDAY	NOTES
5	6	7	
12	13	14	
19	20	21	
26	27	28	

SEPT 2024

S	M	T	W	T	F	S
1	2	3	4	5	6	7
8	9	10	11	12	13	14
15	16	17	18	19	20	21
22	23	24	25	26	27	28
29	30					

Time	MON 2	TUE 3	WED 4
12			
1			
2			
3			
4			
5			
6			
7			
8			
9			
10			
11			
12			
1			
2			
3			
4			
5			
6			
7			
8			
9			
10			
11			

	THU	5	FRI	6	SAT	7	SUN	8
12								
1								
2								
3								
4								
5								
6								
7								
8								
9								
10								
11								
12								
1								
2								
3								
4								
5								
6								
7								
8								
9								
10								
11								
	THU	5	FRI	6	SAT	7	SUN	8

SEPT 2024

S	M	T	W	T	F	S
1	2	3	4	5	6	7
8	9	10	11	12	13	14
15	16	17	18	19	20	21
22	23	24	25	26	27	28
29	30					

MON 9 | TUE 10 | WED 11

12
1
2
3
4
5
6
7
8
9
10
11
12
1
2
3
4
5
6
7
8
9
10
11

	THU 12	FRI 13	SAT 14	SUN 15
12				
1				
2				
3				
4				
5				
6				
7				
8				
9				
10				
11				
12				
1				
2				
3				
4				
5				
6				
7				
8				
9				
10				
11				
	THU 12	FRI 13	SAT 14	SUN 15

SEPT 2024

S	M	T	W	T	F	S
1	2	3	4	5	6	7
8	9	10	11	12	13	14
15	16	17	18	19	20	21
22	23	24	25	26	27	28
29	30					

Time	MON 16	TUE 17	WED 18
12			
1			
2			
3			
4			
5			
6			
7			
8			
9			
10			
11			
12			
1			
2			
3			
4			
5			
6			
7			
8			
9			
10			
11			

	THU	19	FRI	20	SAT	21	SUN	22
12								
1								
2								
3								
4								
5								
6								
7								
8								
9								
10								
11								
12								
1								
2								
3								
4								
5								
6								
7								
8								
9								
10								
11								
	THU	19	FRI	20	SAT	21	SUN	22

SEPT 2024

S	M	T	W	T	F	S
1	2	3	4	5	6	7
8	9	10	11	12	13	14
15	16	17	18	19	20	21
22	23	24	25	26	27	28
29	30					

MON 23 | TUE 24 | WED 25

THU	26	FRI	27	SAT	28	SUN	29
12							
1							
2							
3							
4							
5							
6							
7							
8							
9							
10							
11							
12							
1							
2							
3							
4							
5							
6							
7							
8							
9							
10							
11							
THU	26	FRI	27	SAT	28	SUN	29

OCTOBER 2024

SUNDAY	MONDAY	TUESDAY	WEDNESDAY
		1	2
6	7	8	9
13	14 Columbus Day	15	16
20	21	22	23
27	28	29	30

SEPTEMBER
S	M	T	W	T	F	S
1	2	3	4	5	6	7
8	9	10	11	12	13	14
15	16	17	18	19	20	21
22	23	24	25	26	27	28
29	30					

OCTOBER
S	M	T	W	T	F	S
		1	2	3	4	5
6	7	8	9	10	11	12
13	14	15	16	17	18	19
20	21	22	23	24	25	26
27	28	29	30	31		

NOVEMBER
S	M	T	W	T	F	S
					1	2
3	4	5	6	7	8	9
10	11	12	13	14	15	16
17	18	19	20	21	22	23
24	25	26	27	28	29	30

THURSDAY	FRIDAY	SATURDAY	NOTES
3	4	5	
10	11	12	
17	18	19	
24	25	26	
31			
☐	☐	☐	
☐	☐	☐	
☐	☐	☐	
☐	☐	☐	
☐	☐	☐	

OCT 2024

S	M	T	W	T	F	S
		1	2	3	4	5
6	7	8	9	10	11	12
13	14	15	16	17	18	19
20	21	22	23	24	25	26
27	28	29	30	31		

Time	MON 30	TUE 1	WED 2
12			
1			
2			
3			
4			
5			
6			
7			
8			
9			
10			
11			
12			
1			
2			
3			
4			
5			
6			
7			
8			
9			
10			
11			

THU	3	FRI	4	SAT	5	SUN	6
12							
1							
2							
3							
4							
5							
6							
7							
8							
9							
10							
11							
12							
1							
2							
3							
4							
5							
6							
7							
8							
9							
10							
11							

OCT 2024

S	M	T	W	T	F	S
		1	2	3	4	5
6	7	8	9	10	11	12
13	14	15	16	17	18	19
20	21	22	23	24	25	26
27	28	29	30	31		

	MON 7	TUE 8	WED 9
12			
1			
2			
3			
4			
5			
6			
7			
8			
9			
10			
11			
12			
1			
2			
3			
4			
5			
6			
7			
8			
9			
10			
11			

	THU	10	FRI	11	SAT	12	SUN	13
12								
1								
2								
3								
4								
5								
6								
7								
8								
9								
10								
11								
12								
1								
2								
3								
4								
5								
6								
7								
8								
9								
10								
11								

OCT 2024

S	M	T	W	T	F	S
		1	2	3	4	5
6	7	8	9	10	11	12
13	14	15	16	17	18	19
20	21	22	23	24	25	26
27	28	29	30	31		

MON 14	TUE 15	WED 16

12
1
2
3
4
5
6
7
8
9
10
11
12
1
2
3
4
5
6
7
8
9
10
11

	THU 17	FRI 18	SAT 19	SUN 20
12				
1				
2				
3				
4				
5				
6				
7				
8				
9				
10				
11				
12				
1				
2				
3				
4				
5				
6				
7				
8				
9				
10				
11				

OCT 2024

S	M	T	W	T	F	S
		1	2	3	4	5
6	7	8	9	10	11	12
13	14	15	16	17	18	19
20	21	22	23	24	25	26
27	28	29	30	31		

MON 21 | TUE 22 | WED 23

12
1
2
3
4
5
6
7
8
9
10
11
12
1
2
3
4
5
6
7
8
9
10
11

	THU	24	FRI	25	SAT	26	SUN	27
12								
1								
2								
3								
4								
5								
6								
7								
8								
9								
10								
11								
12								
1								
2								
3								
4								
5								
6								
7								
8								
9								
10								
11								
	THU	24	FRI	25	SAT	26	SUN	27

OCT 2024

S	M	T	W	T	F	S
		1	2	3	4	5
6	7	8	9	10	11	12
13	14	15	16	17	18	19
20	21	22	23	24	25	26
27	28	29	30	31		

	MON 28	TUE 29	WED 30
12			
1			
2			
3			
4			
5			
6			
7			
8			
9			
10			
11			
12			
1			
2			
3			
4			
5			
6			
7			
8			
9			
10			
11			

THU	31	FRI	1	SAT	2	SUN	3
12							
1							
2							
3							
4							
5							
6							
7							
8							
9							
10							
11							
12							
1							
2							
3							
4							
5							
6							
7							
8							
9							
10							
11							
THU	31	FRI	1	SAT	2	SUN	3

NOVEMBER 2024

SUNDAY	MONDAY	TUESDAY	WEDNESDAY
3	4	5	6
10	11 Veterans Day	12	13
17	18	19	20
24	25	26	27

OCTOBER
```
S  M  T  W  T  F  S
      1  2  3  4  5
 6  7  8  9 10 11 12
13 14 15 16 17 18 19
20 21 22 23 24 25 26
27 28 29 30 31
```

NOVEMBER
```
S  M  T  W  T  F  S
                1  2
 3  4  5  6  7  8  9
10 11 12 13 14 15 16
17 18 19 20 21 22 23
24 25 26 27 28 29 30
```

DECEMBER
```
S  M  T  W  T  F  S
 1  2  3  4  5  6  7
 8  9 10 11 12 13 14
15 16 17 18 19 20 21
22 23 24 25 26 27 28
29 30 31
```

THURSDAY	FRIDAY	SATURDAY	NOTES
	1	2	
7	8	9	
14	15	16	
21	22	23	
28 Thanksgiving Day	29	30	
☐	☐	☐	
☐	☐	☐	
☐	☐	☐	
☐	☐	☐	
☐	☐	☐	

NOV 2024

S	M	T	W	T	F	S
					1	2
3	4	5	6	7	8	9
10	11	12	13	14	15	16
17	18	19	20	21	22	23
24	25	26	27	28	29	30

	MON 4	TUE 5	WED 6
12			
1			
2			
3			
4			
5			
6			
7			
8			
9			
10			
11			
12			
1			
2			
3			
4			
5			
6			
7			
8			
9			
10			
11			

THU 7	FRI 8	SAT 9	SUN 10
12			
1			
2			
3			
4			
5			
6			
7			
8			
9			
10			
11			
12			
1			
2			
3			
4			
5			
6			
7			
8			
9			
10			
11			

NOV 2024

S	M	T	W	T	F	S
					1	2
3	4	5	6	7	8	9
10	11	12	13	14	15	16
17	18	19	20	21	22	23
24	25	26	27	28	29	30

	MON 11	TUE 12	WED 13
12			
1			
2			
3			
4			
5			
6			
7			
8			
9			
10			
11			
12			
1			
2			
3			
4			
5			
6			
7			
8			
9			
10			
11			

	THU	14	FRI	15	SAT	16	SUN	17
12								
1								
2								
3								
4								
5								
6								
7								
8								
9								
10								
11								
12								
1								
2								
3								
4								
5								
6								
7								
8								
9								
10								
11								
	THU	14	FRI	15	SAT	16	SUN	17

NOV 2024

S	M	T	W	T	F	S
					1	2
3	4	5	6	7	8	9
10	11	12	13	14	15	16
17	18	19	20	21	22	23
24	25	26	27	28	29	30

	MON 18	TUE 19	WED 20
12			
1			
2			
3			
4			
5			
6			
7			
8			
9			
10			
11			
12			
1			
2			
3			
4			
5			
6			
7			
8			
9			
10			
11			

THU	21	FRI	22	SAT	23	SUN	24
12							
1							
2							
3							
4							
5							
6							
7							
8							
9							
10							
11							
12							
1							
2							
3							
4							
5							
6							
7							
8							
9							
10							
11							
THU	21	FRI	22	SAT	23	SUN	24

NOV 2024

S	M	T	W	T	F	S
					1	2
3	4	5	6	7	8	9
10	11	12	13	14	15	16
17	18	19	20	21	22	23
24	25	26	27	28	29	30

	MON 25	TUE 26	WED 27
12			
1			
2			
3			
4			
5			
6			
7			
8			
9			
10			
11			
12			
1			
2			
3			
4			
5			
6			
7			
8			
9			
10			
11			

	THU	28	FRI	29	SAT	30	SUN	1
12								
1								
2								
3								
4								
5								
6								
7								
8								
9								
10								
11								
12								
1								
2								
3								
4								
5								
6								
7								
8								
9								
10								
11								
	THU	28	FRI	29	SAT	30	SUN	1

DECEMBER 2024

SUNDAY	MONDAY	TUESDAY	WEDNESDAY
1	2	3	4
8	9	10	11
15	16	17	18
22	23	24	25 Christmas Day
29	30	31	

NOVEMBER							DECEMBER							JANUARY					2025	
S	M	T	W	T	F	S	S	M	T	W	T	F	S	S	M	T	W	T	F	S
					1	2	1	2	3	4	5	6	7				1	2	3	4
3	4	5	6	7	8	9	8	9	10	11	12	13	14	5	6	7	8	9	10	11
10	11	12	13	14	15	16	15	16	17	18	19	20	21	12	13	14	15	16	17	18
17	18	19	20	21	22	23	22	23	24	25	26	27	28	19	20	21	22	23	24	25
24	25	26	27	28	29	30	29	30	31					26	27	28	29	30	31	

THURSDAY	FRIDAY	SATURDAY	NOTES
5	6	7	
12	13	14	
19	20	21	
26	27	28	
☐	☐	☐	
☐	☐	☐	
☐	☐	☐	
☐	☐	☐	
☐	☐	☐	

DEC 2024

S	M	T	W	T	F	S
1	2	3	4	5	6	7
8	9	10	11	12	13	14
15	16	17	18	19	20	21
22	23	24	25	26	27	28
29	30	31				

	MON 2	TUE 3	WED 4
12			
1			
2			
3			
4			
5			
6			
7			
8			
9			
10			
11			
12			
1			
2			
3			
4			
5			
6			
7			
8			
9			
10			
11			

THU	5	FRI	6	SAT	7	SUN	8
12							
1							
2							
3							
4							
5							
6							
7							
8							
9							
10							
11							
12							
1							
2							
3							
4							
5							
6							
7							
8							
9							
10							
11							
THU	5	FRI	6	SAT	7	SUN	8

DEC 2024

S	M	T	W	T	F	S
1	2	3	4	5	6	7
8	9	10	11	12	13	14
15	16	17	18	19	20	21
22	23	24	25	26	27	28
29	30	31				

MON 9 | TUE 10 | WED 11

12
1
2
3
4
5
6
7
8
9
10
11
12
1
2
3
4
5
6
7
8
9
10
11

	THU	12	FRI	13	SAT	14	SUN	15
12								
1								
2								
3								
4								
5								
6								
7								
8								
9								
10								
11								
12								
1								
2								
3								
4								
5								
6								
7								
8								
9								
10								
11								
	THU	12	FRI	13	SAT	14	SUN	15

DEC 2024

S	M	T	W	T	F	S
1	2	3	4	5	6	7
8	9	10	11	12	13	14
15	16	17	18	19	20	21
22	23	24	25	26	27	28
29	30	31				

	MON 16	TUE 17	WED 18
12			
1			
2			
3			
4			
5			
6			
7			
8			
9			
10			
11			
12			
1			
2			
3			
4			
5			
6			
7			
8			
9			
10			
11			

THU 19	FRI 20	SAT 21	SUN 22
12			
1			
2			
3			
4			
5			
6			
7			
8			
9			
10			
11			
12			
1			
2			
3			
4			
5			
6			
7			
8			
9			
10			
11			

DEC 2024

S	M	T	W	T	F	S
1	2	3	4	5	6	7
8	9	10	11	12	13	14
15	16	17	18	19	20	21
22	23	24	25	26	27	28
29	30	31				

MON 23   TUE 24   WED 25

THU 26	FRI 27	SAT 28	SUN 29
12			
1			
2			
3			
4			
5			
6			
7			
8			
9			
10			
11			
12			
1			
2			
3			
4			
5			
6			
7			
8			
9			
10			
11			

DEC						2024	MON	30	TUE	31	WED	1
S	M	T	W	T	F	S						
1	2	3	4	5	6	7						
8	9	10	11	12	13	14						
15	16	17	18	19	20	21						
22	23	24	25	26	27	28						
29	30	31										

12
1
2
3
4
5
6
7
8
9
10
11
12
1
2
3
4
5
6
7
8
9
10
11

	THU	2	FRI	3	SAT	4	SUN	5
12								
1								
2								
3								
4								
5								
6								
7								
8								
9								
10								
11								
12								
1								
2								
3								
4								
5								
6								
7								
8								
9								
10								
11								
	THU	2	FRI	3	SAT	4	SUN	5

Important Dates

JANUARY	FEBRUARY	MARCH	APRIL

MAY	JUNE	JULY	AUGUST

SEPTEMBER	OCTOBER	NOVEMBER	DECEMBER

Name & Address	Phone & Fax	Name & Address	Phone & Fax

Expense Tracker

	January	February	March	April	May	June
Fixed Expenses						
Mortgage/Rent						
Utilities						
Total						

	January	February	March	April	May	June
Other Expenses						
Total						
Total Expenses						

	January	February	March	April	May	June
Income						
Total Income						

	January	February	March	April	May	June
Savings						
Total Savings						

Expense Tracker

July	August	September	October	November	December	YTD Total

Expense Tracker

	January	February	March	April	May	June
Fixed Expenses						
Mortgage/Rent						
Utilities						
Total						

	January	February	March	April	May	June
Other Expenses						
Total						
Total Expenses						

	January	February	March	April	May	June
Income						
Total Income						

	January	February	March	April	May	June
Savings						
Total Savings						

Expense Tracker

July	August	September	October	November	December	YTD Total

Expense Tracker

	January	February	March	April	May	June
Fixed Expenses						
Mortgage/Rent						
Utilities						
Total						

	January	February	March	April	May	June
Other Expenses						
Total						
Total Expenses						

	January	February	March	April	May	June
Income						
Total Income						

	January	February	March	April	May	June
Savings						
Total Savings						

Expense Tracker

July	August	September	October	November	December	YTD Total

July	August	September	October	November	December	YTD Total

Expense Tracker

	January	February	March	April	May	June
Fixed Expenses						
Mortgage/Rent						
Utilities						
Total						

	January	February	March	April	May	June
Other Expenses						
Total						
Total Expenses						

	January	February	March	April	May	June
Income						
Total Income						

	January	February	March	April	May	June
Savings						
Total Savings						

Expense Tracker

July	August	September	October	November	December	YTD Total

www.ingramcontent.com/pod-product-compliance
Lightning Source LLC
Chambersburg PA
CBHW080458240426
43673CB00005B/225